T0053295

MAX LUCADO

LA GRAN CASA DE DIOS

BETANIA

Un Sello de Editorial Caribe

Betania es un sello de *Editorial Caribe, Inc.*
Una división de *Thomas Nelson, Inc.*

© **1998 EDITORIAL CARIBE**
Nashville, TN / Miami, FL
E-mail: caribe@editorialcaribe.com
www.editorialcaribe.com

Título del original en inglés:
The Great House of God
© 1997 por *Max Lucado*
Publicado por *Word Publishing*

Traductor: *Pedro Vega*

ISBN-13: 978-0-88113-498-8

Impreso en EE.UU.
Printed in U.S.A.
16a Impresión, 07/2010

Dedico con satisfacción este libro a mi asistente, Karen Hill.
Gracias por tus miles de horas de servicio desinteresado.

CONTENIDO

AGRADECIMIENTOS

Aprecio a los siguientes amigos que me han ayudado, tolerado, alentado y complacido durante la redacción de este libro.

Liz Heaney: un libro más, otro año más y todavía no se lamenta.

Líderes y personal de la iglesia Oak Hills: ¡Terminé mi hibernación! Gracias por respaldarme.

La iglesia Oak Hills: Gracias por diez años (!) de gozo.

Steve y Cheryl Green: No sé que he hecho para merecer amigos como ustedes, pero ciertamente estoy contento de tenerlos.

A todos mis amigos en Word/Thomas Nelson: Mi sincera gratitud por un excelente trabajo.

A todos mis amigos ministros que usan mi material para ideas de sermones: ¡Adelante! Se merecen un descanso.

A Laura Kendall: Me quito el sombrero por haber utilizado la pluma. Gracias por su ayuda.

Steve Halliday: Por escribir la guía de estudio.

A los lectores: Con algunos me encuentro por primera vez, con otros por duodécima vez. Han sido muy bondadosos al invitarme a sus casas. Haré todo lo posible por no abusar de su hospitalidad.

Y finalmente, a mi esposa Denalyn: Supongo que podrías decir que te amo un poco. Un poco más cada minuto de cada día. (¡Feliz 40 aniversario, cariño!)

CAPÍTULO 1

LA
GRAN CASA DE DIOS

Un hogar para tu corazón

Solo una cosa he pedido al Señor,
solo una cosa deseo: estar en el templo
del Señor todos los días de mi vida. SALMO 27.4

ME GUSTARÍA CONVERSAR CONTIGO sobre tu casa. Crucemos la puerta principal y caminemos un poquito. Es sabio que a menudo inspeccionemos la casa, ya sabes... examinar si el techo tiene goteras, si las paredes están desnivelados y los cimientos agrietados. Nos cercioraremos si las alacenas de la cocina están llenas y daremos un vistazo a los libros que hay en las estanterías del estudio.

¿Qué pasa? ¿Piensas que es extraño que quiera dar un vistazo a tu casa? ¿Pensabas que este era un libro sobre temas espirituales? Por supuesto. Perdóname, debí ser más claro. No estoy hablando de tu casa visible de ladrillos, de madera o de paja, sino de la casa invisible de pensamientos, verdades, convicciones y esperanzas. Me refiero a tu casa espiritual. ¿Sabías que tienes una? Y no es una casa típica. Evoca tus más queridas ideas y esta casa las superará a todas. Para tu corazón se ha edificado un magnífico castillo. De la manera que existe la casa material para cuidar el cuerpo, existe la espiritual para el cuidado del alma.

Nunca has visto casa más sólida:

el techo nunca gotea,

las paredes no se agrietan

y los cimientos jamás tiemblan.

Nunca has visto castillo más espléndido:

el observatorio te recreará,

la capilla te humillará,

el estudio te dirigirá,

y la cocina te alimentará.

¿Has vivido alguna vez en una casa como esta? Es probable que no. Lo más probable es que hayas pensado poco en hacerte una casa para el alma. Construimos casas muy bien elaboradas para nuestros cuerpos, pero nuestras almas quedan relegadas a una casucha en una ladera donde los vientos nocturnos nos congelan y las lluvias nos inundan. ¿Sorprende que el mundo esté tan lleno de corazones fríos?

No tiene que ser de esta manera. No tenemos que vivir al aire libre. Dios no planeó que tu corazón vagara como un beduino. Dios quiere que entres, te alejes del frío y vivas... con Él. Bajo su techo hay espacio disponible. En su mesa hay un plato preparado. En su sala hay un cómodo sillón reservado exclusivamente para ti. Y Él quiere que residas en su casa. ¿Por qué querrá que tengas una parte en su casa? Sencillo, es tu Padre.

El plan era que vivieras en la casa de tu Padre. Cualquier lugar que no sea el suyo es insuficiente. Cualquier lugar lejos de este es peligroso. Solo el hogar edificado para tu corazón puede proteger tu corazón. Y tu Padre quiere que habites *en* Él.

No, no entendiste mal la oración y no me equivoqué al escribirla. Tu Padre no solo te pide que vivas *con* Él, te pide que vivas *en* Él. Como dice Pablo: «Porque en Dios vivimos, nos movemos y existimos» (Hechos 17.28).

No pienses que estás separado de Dios, Él en lo alto de una gran escalera y tú en el otro extremo. Desecha cualquier pensamiento en el sentido de que Dios está en Venus y tú en la tierra. Puesto que Dios es Espíritu (Juan 4.23), Él está a tu lado. Dios mismo es nuestro techo. Dios mismo es nuestra pared. Y Dios mismo es nuestro fundamento.

Moisés lo sabía. «Señor», oró, «tú has sido nuestro hogar en todas las generaciones» (Salmo 90.1, *La Biblia al día*). Qué impactante este pensamiento: ¡Dios como nuestro hogar! Su hogar es el lugar donde puedes quitarte los zapatos, comer encurtidos y galletas, donde no te preocupa que te vean en traje de baño.

Conoces tu casa. No necesitas que te digan dónde está tu dormitorio; no necesitas que te digan cómo llegar a la cocina. Después de un día difícil de tratar de abrirte paso en el mundo, es tranquilizante volver a casa, un lugar que conoces bien. Igualmente conocido para ti puede ser Dios. Con el tiempo puedes saber a dónde ir para comer, dónde refugiarte para protección, a dónde dirigirte para orientación. Así como tu casa terrenal es un lugar de refugio, la casa de Dios es un lugar de paz. La casa de Dios nunca la han saqueado, nunca le han aportillado sus paredes.

Dios puede ser tu morada.

Dios *quiere* ser tu morada. No le interesa ser una puerta de escape para el fin de semana, ni un refugio dominical, ni una casita veraniega. No pienses en usar a Dios como cabaña de vacaciones ni como hogar de retiro para la vejez. Él quiere que estés bajo su techo ahora y siempre. Quiere ser tu dirección postal, tu punto de referencia; quiere ser tu hogar. Escucha la promesa de su Hijo: «El que me ama, mi palabra guardará; y mi Padre le amará, y vendremos a él, y haremos morada con él» (Juan 14.23, RV-60).

Para muchos este es un pensamiento nuevo. Pensamos en Dios como una deidad para discutir, no como un lugar donde habitar. Pensamos en Dios como un creador al que hay que invocar, no como un hogar de residencia. Sin embargo, nuestro Padre quiere ser mucho más. Quiere ser aquel en el que «vivimos, nos movemos y existimos» (Hechos 17.28).

Cuando Jehová condujo a los hijos de Israel por el desierto, no les aparecía una vez al día y luego los abandonaba. La columna de fuego estaba allí toda la noche; la nube permanecía todo el día. Nuestro Dios nunca nos abandona. «Y sabed que yo estaré con vosotros todos los días», prometió (Mateo 28.20). Nuestra fe da un salto enorme cuando comprendemos la presencia perpetua de nuestro Padre. Nuestro Jehová es la columna de fuego en nuestras noches y la nube en nuestros días. Nunca nos abandona.

El cielo no establece diferencias entre el domingo por la mañana y el miércoles por la tarde. Dios quiere hablar con la misma claridad en el lugar de trabajo como en el santuario. Quiere que lo adoren cuando nos sentamos a la mesa en el comedor y no solamente cuando llegamos a la mesa de la comunión. Quizás pases días sin pensar en Él, pero no hay un solo momento que Él no piense en ti.

Al saber esto entendemos la rigurosa meta de Pablo: «Todo pensamiento humano lo sometemos a Cristo, para que le obedezca» (2 Corintios 10.5). Podemos comprender por qué nos exhorta a orar «en todo momento» (1 Tesalonicenses 5.17), a no dejar «nunca de orar» (Romanos 12.12), a rogar y pedir «a Dios siempre» (Efesios 6.18), a que «continuemos ofreciéndole el mejor de todos los sacrificios de alabanzas» (Hebreos 13.15) y a que nunca nos cansemos «de orar» (Colosenses 4.2).

David, el hombre conforme al corazón de Dios, dice: «Una cosa he pedido a Jehovah; esta buscaré: que more yo en la casa de Jehovah todos los días de mi vida, para contemplar la hermosura de Jehovah, y para inquirir en su templo. Porque en su enramada me esconderá en el día del mal; me ocultará en lo reservado de su tabernáculo; me pondrá en alto sobre una roca» (Salmo 27.4,5, RVA). ¿Cuál es la casa de Dios que David busca? ¿Describe David una estructura material? ¿Anhela un edificio con cuatro paredes y una puerta para poder entrar y nunca más salir? No. «Dios ... no vive en templos construidos por los hombres» (Hechos 17.24). Cuando David dice: «En tu casa, oh Señor, para siempre viviré» (Salmo 23.6), no se refiere a que quiere apartarse de la gente. Dice que su anhelo es estar en la presencia de Dios, dondequiera que sea.

David anhela estar en la casa de Dios.

Sé lo que estás pensado: *Es cierto, Max, pero ese era David. Era el poeta, el príncipe y el que mató al gigante. No tenía problemas con autos de alquiler, con pañales, ni con jefes obsesionados que exhalan fechas topes como un dragón exhala fuego. También me gustaría vivir en la casa de Dios, pero por el momento estoy atascado en el mundo real.*

Perdóname, pero no estoy de acuerdo. No te encuentras atascado en el mundo real. Al contrario, estás a un paso de la casa de Dios. No importa dónde estés. No importa la hora. Ya sea que estés en la oficina el martes o en un partido de fútbol el sábado, estás a la distancia de una sola decisión de la presencia de tu Padre. No necesitas salir de la casa de Dios. No necesitas cambiar el código postal, ni mudarte de barrio; todo lo que necesitas es cambiar de idea.

Cuando el auto se te atasca en el tránsito, puedes entrar en la capilla. Cuando la racha de la tentación te hace perder el paso, refúgiate detrás del muro del poder de Dios. Cuando los empleados te desprecian, siéntate en el vestíbulo junto al Padre; Él te consolará. Recuerda, no es una casa de piedra. No la vas a encontrar en un mapa. No la vas a encontrar en los avisos de propiedades en venta.

Pero la encontrarás en la Biblia. Ya has visto el plano con anterioridad. Has leído los nombres de las habitaciones y sabes de memoria su distribución. Conoces el diseño. Pero es posible que nunca hayas considerado que es el plano de una casa. Considerabas los versículos como una oración. Sin duda lo son. El Padrenuestro. Sería difícil encontrar a alguien que no haya recitado o leído sus palabras:

Padre nuestro que estás en los cielos,
santificado sea tu nombre.
Hágase tu voluntad,
como en el cielo, así también en la tierra.
El pan nuestro de cada día, dánoslo hoy.
Y perdónanos nuestras deudas,
como también nosotros perdonamos a nuestros deudores.
Y no nos metas en tentación, mas líbranos del mal;
porque tuyo es el reino, y el poder, y la gloria,
por todos los siglos. Amén.

MATEO 6.9-13 RV-60

Los niños memorizan esta oración. Los que asisten a la iglesia la recitan. Los alumnos la estudian... Pero quiero invitarles a hacer algo distinto. Quiero que vivamos en ella... que la consideremos el plano de planta de nuestra casa espiritual. En estos versículos Cristo nos dio más que un modelo de oración, nos proporcionó un modelo de vida. Estas palabras hacen más que decirnos lo que podemos hablar con Dios; nos dicen cómo vivir con Dios. Estas palabras describen una casa majestuosa en la que quiere que los hijos de Dios vivan... con Él para siempre.

¿Te gustaría recorrerla y darle un vistazo? A mí también. Sé cual es el mejor lugar para comenzar. En la sala, sobre la chimenea, cuelga un cuadro. El dueño de la casa lo aprecia mucho. A todo el que entra lo invita a iniciar el viaje contemplando el cuadro para aprender la verdad acerca de nuestro Padre.

CAPÍTULO 2

LA
SALA

Padre nuestro...

PADRE NUESTRO que estás en los cielos...» Con estas palabras Jesús nos abre la entrada a la Gran Casa de Dios. ¿Vamos a seguirlo? Hay mucho que ver. Cada habitación revela su corazón, cada parada apaciguará tu alma. Ninguna pieza es tan esencial como esta, la primera en que entramos. Lo seguimos mientras nos conduce a la sala de Dios.

Siéntate en la silla que se hizo especialmente para ti, y caliéntate las manos en el fuego que nunca se apaga. Dedica algún tiempo a contemplar las fotografías enmarcadas y descubre la tuya. Toma el álbum y busca la historia de tu vida. Pero, antes de todo, párate ante la chimenea y estudia la pintura que cuelga sobre ella.

Tu Padre guarda como un tesoro ese retrato. Lo ha colgado donde todos puedan verlo.

Párate delante de él mil veces y cada mirada será tan nueva como la primera. Dejen a un millón mirar el lienzo y cada uno se verá a sí mismo. Y todos tendrán razón.

El lienzo ha captado la tierna escena de un padre y su hijo. Detrás de ellos hay una Gran Casa sobre una colina. Bajo sus pies hay un estrecho sendero. Desde la casa el Padre ha descendido a todo correr. Por el sendero avanza penosamente el hijo. Los dos se han encontrado aquí, en el portón.

No podemos ver el rostro del hijo; está hundido en el pecho de su padre. No, no podemos ver su rostro, pero podemos ver su túnica andrajosa y su cabello greñudo. Podemos ver el lodo en la parte posterior de sus piernas, la inmundicia sobre sus hombros y la bolsa vacía en tierra. Una vez la bolsa estuvo llena de dinero. El muchacho estaba lleno de orgullo. Pero eso ocurrió una docena de tabernas antes. Ahora la bolsa y el orgullo están vacíos. El pródigo no ofrece regalo ni explicación alguna. Todo lo que brinda es olor a cerdos y una excusa estudiada: «Padre, he pecado contra Dios y contra ti, y ya no merezco llamarme tu hijo» (Lucas 15.21).

Se siente indigno de su herencia. «Destitúyeme. Castígame. Borra mi nombre del buzón y saca mis iniciales del árbol genealógico. Estoy dispuesto a renunciar a mi lugar en tu mesa». Se contenta con que lo contraten como un peón. Solo hay un problema. A pesar de que el muchacho está dispuesto a dejar de ser hijo, el padre no quiere dejar de ser padre.

Aunque no podemos ver el rostro del muchacho en la pintura, no podemos dejar de ver el del padre. Miren las lágrimas que brillan en sus mejillas curtidas, la sonrisa que resplandece a través de su barba de plata. Un brazo sostiene al muchacho para que no caiga, el otro lo retiene junto a su pecho para que no dude.

«"¡Pronto!", lo interrumpió el padre, dirigiéndose a sus esclavos. "Traigan la mejor ropa que encuentren y póngansela. Y denle también un anillo y zapatos. Y maten el becerro más gordo. ¡Tenemos que celebrar esto! ¡Este hijo mío estaba muerto y ha revivido, estaba perdido y apareció!"» (Lucas 15.22-24, *La Biblia al día*).

Cuánto habrán anonadado al joven estas palabras: «*Este hijo mío* estaba muerto». Pensaba que había perdido su lugar en el hogar. Después de todo, ¿no había abandonado a su padre? ¿No había malgastado su herencia? Suponía que había perdido su privilegio de ser hijo. Sin embargo, el padre no se rinde tan fácilmente. En su mente, su hijo sigue siendo su hijo. El hijo pudo salir de la casa, pero no del corazón de su padre. Pudo alejarse de la mesa, pero nunca de la familia. No dejes de captar el mensaje que hay aquí. Quizás quieras dejar de ser hijo de Dios. Pero Dios no está dispuesto a dejar de ser tu Padre.

NUESTRO *ABBA*

De todos sus nombres, *Padre* es el favorito de Dios. Sabemos que es el que más le gusta porque es el que más usa. Mientras estaba en el mundo, Jesús llamó «Padre» a Dios más de doscientas veces. En las primeras palabras de Jesús que se relatan, dice: «¿No sabéis que debo estar en la casa de mi Padre?» (Lucas 2.49). En su triunfante oración final, proclama: «¡Padre, en tus manos encomiendo mi espíritu!» (Lucas

23.46). Solo en el Evangelio de Juan, Jesús repite este nombre ciento cincuenta y seis veces. A Dios le gusta que lo llamemos Padre. Después de todo, ¿no nos enseñó Jesús a iniciar nuestra oración con la frase «*Abba* nuestro»?

Es difícil que comprendamos cuán revolucionario era para Jesús llamar a Jehová «*Abba*». Lo que ahora es una práctica común, era algo inaudito en los días de Jesús. Joachim Jeremías, especialista en Nuevo Testamento, describe con qué rareza se usaba la expresión:

> Auxiliado por mis ayudantes he examinado las oraciones escritas del antiguo judaísmo ... El resultado de este examen es que no se encuentra en lugar alguno en toda esta enorme cantidad de literatura la invocación de Dios como «*Abba*, Padre». *Abba* es una palabra de uso corriente. Era una palabra de uso hogareño, familiar. Ningún judío jamás se atrevería a dirigirse a Dios de esta manera, sin embargo Jesús lo hizo en todas las oraciones que nos entregó, con una sola excepción, el clamor desde la cruz: «Dios mío, Dios mío, ¿por qué me has abandonado?» En el Padre nuestro, Jesús autoriza a sus discípulos a repetir la palabra *Abba* como Él lo hizo. Les da participación de su condición de hijo. Autoriza a sus discípulos para que le hablen a su Padre celestial en esa forma familiar y confiada.[1]

Las primeras dos palabras del Padre nuestro son ricas en significación: «*Padre nuestro*» nos recuerda que somos bien re-

---

1 Joachim Jeremías, *The Prayers of Jesus* [Oraciones de Jesús], SCM Press, Nueva York, 1967, citado por John Stott en «Has Anyone Told You About the Power of Prayer?», casete, *All Souls Cassettes*, No. E42/1A.

cibidos en la casa de Dios porque el Dueño nos ha adoptado.

LA MISIÓN DE DIOS: LA ADOPCIÓN

Cuando acudimos a Cristo, Dios no solamente nos perdona, también nos adopta. A través de una serie de hechos dramáticos, pasamos de ser huérfanos condenados sin esperanza, a ser hijos adoptados que no tienen temor. He aquí como ocurre: Llegas ante el tribunal de Dios lleno de rebelión y de errores. Debido a su justicia, Él no puede desdeñar tus pecados, pero por su amor, no te puede despreciar. Así, en un acto que asombró a los mismos cielos, llevó Él mismo en la cruz el castigo que merecías por tus pecados. La justicia y el amor de Dios quedan satisfechos. Y tú, creación de Dios, eres perdonado. Sin embargo, la historia no termina con el perdón divino.

> Pues no recibisteis el espíritu de esclavitud para estar otra vez bajo el temor, sino que recibisteis el espíritu de adopción como hijos, en el cual clamamos: «¡Abba, Padre!» El Espíritu mismo da testimonio juntamente con nuestro espíritu de que somos hijos de Dios. (Romanos 8.15-16, RVA)

> Pero cuando se cumplió el tiempo, Dios envió a su Hijo, que nació de una mujer, sometido a la ley de Moisés, para dar libertad a los que estábamos bajo esa ley, para que Dios nos recibiera como a hijos. (Gálatas 4.4-5)

Ya sería bastante que Dios te hubiera limpiado el nombre, pero ha hecho más. Él te da *su* nombre. Ya sería bastante que Dios te hubiera dado la libertad, pero hace más. Te lleva a su casa. Te lleva a la Gran Casa de Dios para que sea tu hogar.

Los padres adoptivos entienden de esto más que cualquier otra persona. No pretendo ofender a algún padre biológico; yo también lo soy. Los padres biológicos sabemos bien el anhelo sincero de tener un hijo. Pero en muchos casos nuestras cunas se llenan con facilidad. Decidimos tener un hijo y nace un hijo. En realidad, a veces los hijos llegan sin haber tomado una decisión. He sabido de embarazos no programados, pero nunca he oído de una adopción no programada.

Por eso es que los padres adoptivos comprenden la pasión de Dios al adoptarnos. Saben lo que es sentir interiormente un espacio vacío. Saben lo que es buscar, salir con una misión y asumir la responsabilidad de un niño con un pasado manchado y un futuro dudoso. Si alguien entiende la pasión de Dios por sus hijos, es alguien que ha rescatado a un huérfano de la desesperación porque eso es lo que Dios ha hecho por nosotros.

Dios te adoptó. Dios te buscó, te encontró, firmó los papeles y te llevó a casa.

EL MOTIVO DE DIOS: LA DEVOCIÓN

Como pastor he tenido el privilegio de ser testigo muy cercano de la emoción de la adopción. Cierta vez una señora de otro estado, que me había oído predicar, me llamó y me preguntó si sabía de posibles padres adoptivos. La hija embarazada buscaba un hogar para su hijo que iba a nacer. La puse en contacto con una familia de nuestra congregación y quedé en primera fila para ver el desarrollo del drama.

Vi el gozo ante la posibilidad y los quebrantos ante las dificultades. Pude observar la resolución en los ojos del padre y la determinación en los ojos de la madre. Iban a recorrer todo el camino que fuera necesario y a gastar hasta el último centavo si era necesario. Querían adoptar ese hijo. Y lo hicieron. Apenas unos momentos después de su nacimiento, pusieron al bebé en sus brazos. Y, no es exageración: sonrieron todo un mes después que llevaron el hijo a casa. Los veía en el atrio de la iglesia; estaban sonriendo. Los miraba en el estacionamiento y estaban sonriendo. Desde el púlpito los podía ver en la congregación sonriendo mientras mecían a su bebé en brazos. Pienso que si hubiera predicado un sermón sobre las agonías del infierno, hubieran sonreído a lo largo de cada oración. ¿Por qué? Porque el hijo que anhelaban había llegado a su hogar.

Permítame preguntarle: ¿por qué este matrimonio adoptó ese hijo? Eran un matrimonio feliz. Tenían seguridad económica y él estaba en un empleo muy ventajoso. ¿Qué esperaban ganar? ¿Adoptaron el bebé para recibir dinero adicional o para dormir más? Lo sabes bien. Las disponibilidades económicas para ambos disminuyeron en el minuto mismo en que llevaron el niño a casa. Entonces, ¿por qué? ¿Por qué la gente adopta hijos? Mientras lo piensas, te diré por qué Dios lo hace.

Deléitate en las siguientes palabras:

Hace mucho tiempo, antes de que formara el mundo, Dios nos escogió para que fuéramos suyos a través de lo que Cristo haría por nosotros; y resolvió hacernos santos, intachables, por lo que hoy nos encontramos revestidos de amor ante su presencia. Su inmutable plan fue siempre adoptarnos en su familia, enviando a Cristo para que muriera por nosotros, y esto lo hizo *voluntariamente en todo sentido*. (Efesios 1.4-5 *La Biblia al día*, énfasis del autor)

¡Y pensabas que Dios te había adoptado porque eras bien parecido! Pensabas que Dios necesitaba tu dinero o tu sabiduría. Lo siento. Dios te adoptó sencillamente porque así lo quiso. Estabas bajo su buena voluntad y beneplácito. Conociendo muy bien lo problemático que serías y el precio que tendrías que pagar, Él firmó los papeles junto a tu nombre y te cambió el nombre por el suyo y te llevó a casa. Tu *Abba* te adoptó y se convirtió en tu Padre.

¿Puedo detenerme por un momento? La mayoría de vosotros están conmigo... pero una pareja menea su cabeza. Veo sus ojos entrecerrados por la duda. No me creen, ¿verdad? Están esperando los datos ocultos. Tiene que haber un truco. Saben que la vida no da la comida gratis, así que esperan la cuenta.

Es evidente tu incomodidad. Aun aquí, en la sala de Dios, no descansas. Otros se ponen pantuflas, tú una fachada. Otros se acomodan, tú te pones rígido. Siempre tratas de mostrar tu mejor faceta, siempre temeroso de equivocarte y que Dios lo note y tengas que salir de allí.

Entiendo tu ansiedad. La experiencia con la gente nos ha enseñado que lo prometido y lo que se recibe no siempre es lo mismo. Y para algunos, el pensamiento de confiar en un padre celestial es doblemente difícil debido a que su padre terrenal los engañó o los maltrató.

En ese caso, te pido encarecidamente: no confundas a tu Padre celestial con los padres que has visto en la tierra. El Padre celestial no es propenso a los dolores de cabeza ni a las pataletas. No es de los que abrazan un día y al día siguiente golpea. El hombre que te crió quizás haya hecho ese juego, pero el Dios que te ama nunca lo hará. ¿Me permites probar mi proposición?

EL MÉTODO DE DIOS: LA REDENCIÓN

Volvamos a los versículos que describen la adopción. Léelos por segunda vez y mira a ver si encuentras el verbo que precede a la palabra adopción en ambos versículos.

Pues no recibisteis el espíritu de esclavitud para estar otra vez bajo el temor, sino que recibisteis el espíritu de adopción como hijos, en el cual clamamos: «¡Abba, Padre!» El Espíritu mismo da testimonio juntamente con nuestro espíritu de que somos hijos de Dios. (Romanos 8.15-16, RVA)

Pero cuando se cumplió el tiempo, Dios envió a su Hijo, que nació de una mujer, sometido a la ley de Moisés, para dar libertad a los que estábamos bajo esa ley, para que Dios nos recibiera como a hijos. (Gálatas 4.4-5)

¿Lo encontraste? ¿Verdad que no es difícil? Antes de la palabra *adopción* está el verbo *recibir*.

¿Podría Pablo haber utilizado otra oración? ¿Podría haber dicho: «Habéis ganado el espíritu de adopción», o: «para

31

que pudiéramos ganar nuestra adopción como hijos»? Supongo que podría haberlo hecho, pero nosotros no podríamos comprarla. Tanto tú como yo sabemos que la adopción no es algo que ganamos; es algo que recibimos. Recibir la adopción en una familia no es una hazaña que se logra, sino un regalo que se acepta.

Los padres son los que actuaron. Las agencias de adopción no preparan niños para reclutar padres; buscan padres para que adopten hijos. Los padres se presentan, llenan los papeles, soportan las entrevistas, pagan lo establecido y esperan pacientemente. Podrían imaginarse que los candidatos a padres dijeran: «Nos gustaría adoptar a Juanito, pero primero queremos saber algunas cosas. ¿Tiene una casa donde vivir? ¿Tiene dinero para sus estudios? ¿Tiene quien lo lleve a la escuela cada mañana y ropa limpia para usar cada día? ¿Puede prepararse sus comidas y remendar su ropa?»

Ninguna agencia soportaría una charla de ese tipo. La representante levantaría la mano y diría: «Espere un momento. Usted no ha entendido. Usted no adopta a Juanito por lo que tiene; lo adopta por lo que necesita. El niño necesita un hogar».

Así ocurre con Dios. Él no nos adopta por lo que tenemos. No nos da su nombre por nuestra inteligencia, ni por nuestra billetera, ni por nuestra buena actitud. Pablo escribió esto dos veces porque tiene la doble preocupación de que entendamos que la adopción es algo que recibimos y no algo que ganamos.

Es *muy bueno* saber esto. ¿Por qué? Pensemos cuidadosamente al respecto. Si no podemos ganar nuestra adopción

Cuando tu corazón necesita un Padre

por un rendimiento estelar, ¿podemos perderla por un rendimiento deficiente?

Cuando tenía siete años, me fui de casa. Estaba harto de las reglas de mi padre y decidí que ya era hora de valerme por mí mismo. Quería ser yo, nadie más que yo... y, con mi bolsa de papel, salté la puerta trasera y me fui por el callejón. Como el hijo pródigo, decidí que no necesitaba padre. A diferencia del hijo pródigo, no me alejé mucho. Cuando llegué al final del callejón, recordé que tenía hambre y regresé.

Sin embargo, aunque la rebelión fue pasajera, era una rebelión. Y si me hubieras detenido en aquel camino pródigo y me hubieras preguntado quién era mi padre, te hubiera dicho lo que sentía. Podría haber dicho: «No necesito un padre. Ya soy muy grande para los reglamentos familiares. Quiero ser yo, nadie más que yo y mi bolsa de papel». No creo haberle dicho eso a nadie, pero recuerdo que lo pensé. Y también me acuerdo que como un manso cordero entré por la puerta trasera y ocupé mi lugar en la mesa frente a ese mismo padre que momentos antes había repudiado.

¿Se enteró de mi insurrección? Sospecho que sí. ¿Supo mi negación? Los padres generalmente lo saben. ¿Era todavía su hijo? Pues claro que sí. (No había otra persona sentada en mi lugar.) Si hubieras ido a ver a mi padre después de conversar conmigo y le hubieras preguntado: «Señor Lucado, su hijo dice que no necesita padre. ¿Lo considera todavía su hijo?», ¿qué le hubiera respondido mi padre?

No tengo que adivinar la respuesta. Él se llamó mi padre aun cuando no me llamaba su hijo. Su compromiso hacia mí era mayor que el mío hacia él.

No oí cantar el gallo, como Pedro. Tampoco sentí el

33

eructo del gran pez como Jonás. No recibí una túnica, ni un anillo, ni calzado nuevo como el hijo pródigo. Pero aprendí de mi padre terrenal lo que esas tres personas aprendieron de su Padre celestial. Nuestro Dios no es un Padre solamente en las buenas. Él no es parte de ese cuento de los amo y los abandono. Puedo contar con que Él me dejará ocupar mi rincón no importa mi comportamiento. Y tú también puedes contar con ello.

¿Puedo mostrarte algo? Mira al pie del cuadro. ¿Ves esas palabras engastadas en oro? El apóstol Pablo las escribió, pero su Padre las inspiró:

> Estoy convencido de que nada podrá separarnos del amor de Dios: ni la muerte, ni la vida, ni los ángeles, ni los poderes y fuerzas espirituales, ni lo presente, ni lo futuro, ni lo alto, ni lo profundo ni ninguna otra de las cosas creadas por Dios. ¡Nada podrá separarnos del amor que Dios nos ha mostrado en Cristo Jesús, nuestro Señor! (Romanos 8.38-39)

Tu Padre nunca te despedirá. Las puertas de su sala nunca se cierran. Aprende a quedarte en la sala de la casa de Dios. Cuando las palabras de otro te hieran o tus fracasos te atormenten, entra. Mira la pintura y acuérdate de tu Dios: Es correcto llamarlo Santo; decimos la verdad cuando lo llamamos Rey. Pero cuando quieras tocar su corazón, usa el nombre que a Él le gusta oír. Llámalo *Padre*.

CAPÍTULO 3

EL
FUNDAMENTO

—| *Dónde comienza la confianza* |—

Padre nuestro que estás...

LA PALABRA ESENCIAL del padrenuestro es también una de las menos notorias. Pon cuidado o no la verás. Mucha gente no la ve. La palabra es corta, de modo que se la pasarás por alto si no pones cuidado.

Sin ella, la Gran Casa de Dios no puede permanecer. Quítenla y la casa se derrumba.

¿Cuál es la palabra? Te daré una pista. Acabas de leerla.

¿Dónde está? Acabas de leerla.

¿Está en esta oración? Así es. Y también está en la respuesta que acabo de darte.

Vamos, Max, ¿estás bromeando?

¿Crees que bromeo? (a propósito la palabra estaba en la pregunta que me hiciste. ¿La viste?)

Estás. «Padre nuestro que *estás* en los cielos».

Dios está. No Dios *estaba*. Tampoco Dios *estará*. Tampoco Dios *podría estar* o *debería estar*, sino Dios *está*. Es Dios en tiempo presente. Es el fundamento de su propia casa.

EL MORTERO DE LA FE

Esto lo escribo en un avión. Un avión atrasado. Un avión distinto al que originalmente me habían asignado. Mi vuelo original lo cancelaron debido a una dificultad mecánica. A unas pocas docenas de pasajeros disgustados y a mí nos transfirieron a otro avión. Mientras confirmábamos el pasaje para el nuevo vuelo, oí a varios de mis compañeros de viaje preguntar al encargado: «¿Está bueno este avión? ¿No hay problemas mecánicos con este 747?» Estábamos llenos de dudas respecto a la capacidad de vuelo del avión, pero el encargado no nos preguntó sobre nuestra habilidad de hacer lo mismo.

No se nos preguntó: «¿Y usted puede volar? ¿Puede extender los brazos y elevarse por el aire?» Por cierto, estas son preguntas impropias. La capacidad de volar no es lo importante. Mis fuerzas carecen de importancia. Cuento con que el avión me lleve a casa.

¿Necesito establecer la relación? Tus logros, por nobles que sean, no son importantes. Tus credenciales, aunque estén llenas de estrellas, carecen de interés. Dios es el fundamento de la casa. La pregunta clave de la vida no es «¿Cuán fuerte soy?», sino «¿Cuán poderoso es Dios?» La atención hay que ponerla en su poder, no en el nuestro. Ocúpate de la naturaleza de Dios, no del tamaño de tus bíceps.

Eso fue lo que hizo Moisés. O, por lo menos, eso es lo que Dios le dijo a Moisés que hiciera. ¿Recuerdas la conversación ante la zarza ardiente? La pauta se puso en la primera oración: «Quítate el calzado porque estás pisando tierra santa» (Éxodo 3.5, *La Biblia al día*). Con estas pocas palabras, Moisés quedó matriculado en una clase acerca de Dios. Inmediatamente se definieron los papeles. Dios es santo. Acercarse a Él, aunque sea sobre un cuarto de pulgada de cuero es demasiado pomposo. Y cuando seguimos leyendo descubrimos que no se pierde tiempo para tratar de convencer a Moisés sobre lo que debe hacer, sino que se invierte mucho tiempo explicando a Moisés lo que Dios puede hacer.

Tú y yo tenemos la tendencia de hacer lo contrario. Le explicaríamos a Moisés que era idealmente apto para regresar a Egipto. (¿Quién podría entender mejor la cultura que un ex príncipe?) Luego le recordaríamos a Moisés que es la persona perfecta para el viaje por el desierto. (¿Quién conoce el desierto mejor que un pastor?) Pasaríamos un buen tiempo revisando el currículo de Moisés y sus puntos fuertes. (Vamos, Moisés, tú puedes. Prueba.)

Pero Dios no lo hace así. Las fuerzas de Moisés nunca se consideran. No hay charla para levantarle la moral, ni se le ofrecen palmaditas en la espalda. No se dice una palabra para reclutar a Moisés. sin embargo, se usan muchas palabras para revelar a Dios. El asunto no es la fuerza de Moisés; es la fuerza de Dios.

¿Nos detenemos para una aplicación? Repitamos la última oración y llena el espacio en blanco. En lugar del nombre de Moisés, pon el tuyo.

El asunto no es la fuerza de _____; es la fuerza de Dios.

No estás en la potencia tras el avión, ni en el mortero dentro de los cimientos; Dios está. Sé que lo razonas con la cabeza, ¿pero lo sabe tu corazón? ¿Te gustaría esto? Te mostraré algunas de las grandes piedras que sostienen esta poderosa casa. Déjame reforzar tu confianza en la casa de Dios con algunos de sus nombres.

¿QUÉ HAY TRAS UN NOMBRE?

No es fácil estudiar el significado de los nombres de Dios, después de todo hay más de ochenta nombres de Dios solo en el Antiguo Testamento. Pero si quieres comenzar en algún punto, te conquistaré con unos pocos nombres compuestos que algunos de los héroes de la fe le han dado a Dios. Cada uno revela una roca distinta del carácter de Dios.

Quizás te estés preguntando cómo podría un estudio de los nombres de Dios ayudarte a entenderlo. Te explicaré. Imagínate que estuviéramos conversando en 1978. Te me acercas en el campus de la universidad donde estudiaba y me preguntas: «¿Conoces a Denalyn Preston?» Te hubiera contestado: «Déjame pensar. Ah, sí, conozco a Denalyn. Es esa hermosa chica que le gusta andar en bicicleta y viene a clases con overol». Eso era todo lo que sabía de ella.

Pero avancemos un año. Ahora estamos en Miami, Florida, donde soy pastor y Denalyn es maestra de escuela. «¿Conoces a Denalyn Preston?» «Por supuesto. Es mi amiga. La veo todos los domingos».

Me preguntas un año más tarde: «¿Denalyn Preston? Claro que la conozco. No me quita los ojos de encima» (solo bromeo, querida).

Pasan otros doce meses: «¿Quién no conoce a Denalyn Preston?», respondería. «¿Crees que estaría dispuesta a salir conmigo?»

Seis meses más tarde. «¿Que si conozco a Denalyn Preston? No puedo dejar de pensar en ella. Vamos a salir nuevamente la semana que viene».

Dos meses después: «¿Que si conozco a Denalyn Preston? ¡Me caso con ella en agosto!»

Ahora nos encontramos en agosto de 1981. «¿Que si conozco a Denalyn Preston? No, pero conozco a Denalyn *Lucado*. Es mi esposa y deja de molestar. Estamos en luna de miel».

En tres años evolucionó mi relación con Denalyn. Y con cada cambio vino un nuevo nombre. De *conocida* pasó a ser *amiga, belleza atractiva, la chica con que salgo, novia* y finalmente *esposa*. Por supuesto, los nombres siguen apareciendo. Ahora es *confidente, madre de mis hijos, compañera para toda la vida, jefa* (solo bromeo otra vez). Mientras más la conozco, más nombres le doy.

Y mientras más conoce a Dios, más nombres le da su pueblo. En un principio a Dios se le conocía como *Elohim*. «En el comienzo de todo, Dios [*Elohim*] creó» (Génesis 1.1). La palabra hebrea tiene el sentido de «el poderoso o creador» y aparece treinta y una veces en el capítulo uno de Génesis, donde vemos su poder creador.[1]

Sin embargo, a medida que Dios se revelaba a sus hijos, ellos lo veían como algo más que una fuerza poderosa. Lo veían como Padre amante que estaba con ellos en todas las encrucijadas de la vida.

Por ejemplo, Jacob llegó a considerar a Dios como *Jehová-raah*, Jehová mi pastor. «Dios», le dijo Jacob a su familia, «me pastoreó toda la vida» (Génesis 48.15, *La Biblia al día*).

Sin duda, la frase fue un cumplido hacia Dios, porque Jacob había sido una oveja poco cooperadora. Dos veces engañó a su hermano, al menos una vez embaucó a su padre ciego. Mediante cruces despojó del ganado a su tramposo suegro y luego, cuando este no lo veía, puso pies en polvorosa en medio de la noche llevándose todo cuanto no estuviera clavado.

Jacob nunca fue candidato a recibir el premio a la oveja de mejor conducta, pero Dios nunca lo olvidó. Le dio alimento en hambrunas, perdón en los fracasos y fe en sus años finales. Pídele a Jacob que te describa a Dios en una palabra y su palabra sería *Jehová-raah*, Jehová mi pastor.

Abraham tenía otro nombre para Dios: *Jehová-jireh*, Jehová proveerá. Es irónico que Abraham llamara a Dios «proveedor», dado que ya que estaba bien provisto de todo. Vivía en una tienda de dos plantas con garaje para cuatro camellos. La vida era buena en Ur. «Pero la vida será mejor en Canaán», dijo a su familia, y partieron. Cuando le pregunta-

---

1 Toda la información sobre los nombres de Dios se tomó de Nathan Stone, *Los nombres de Dios,* Editorial Portavoz, Grand Rapids, MI, 1996.

ban: «¿Dónde viviremos?» Abraham respondía: «Jehová proveerá». Cuando se vieron metidos en un escándalo en Egipto y la gente se preguntaba: «¿Cómo saldremos de esto?», Abraham les aseguraba: «Jehová proveerá». Y así fue. Cuando se repartieron la tierra y su sobrino Lot se apoderó de las tierras fértiles y dejó al tío Abraham solo piedras, la gente se preguntaba: «¿Cómo subsistiremos?» Abraham sabía la respuesta: «Jehová proveerá». Y así fue. Cuando Abraham y Sara estaban junto a la cuna vacía y ella se preguntaba cómo podría Abraham ser padre de multitudes, él la abrazaba y le decía en un susurro: «Jehová proveerá».

Y Dios lo hizo. Y Abraham meció a su primogénito sobre sus huesudas rodillas centenarias. Aprendió que Dios provee. Sin embargo, incluso Abraham debe haber meneado la cabeza cuando Dios le pidió que sacrificara a su hijo sobre el monte Moriah.

Comenzaron a subir a la montaña. «¿Dónde está el cordero para el holocausto?» (Génesis 22.7), le preguntó su hijo. Uno se pregunta cómo pudo salir la respuesta a través del nudo que Abraham tenía en la garganta: «Dios se encargará de proveer un cordero para el holocausto, hijito» (v. 8). *Jehová-jireh*, Jehová proveerá. Abraham ató a su hijo y lo puso sobre el altar, levantó el cuchillo y el ángel le detuvo la mano. Abraham demostró su fe. Oyó un ruido entre las zarzas y vio un carnero que estaba enredado por los cuernos en el matorral. Lo ofreció en sacrificio y le dio nombre a la montaña: *Jehová-jireh*, Jehová proveerá.

Y luego tenemos a Gedeón. El Señor fue a Gedeón y le dijo que debía guiar a su pueblo a una victoria contra los madianitas. Eso era como si Dios le dijera a una ama de casa

43

que detenga a su marido que la maltrata o a un alumno de secundaria que capture a los traficantes de drogas o que un pastor le predique la verdad a una congregación de fariseos. «E-e-es m-mejor que busques a otro», le decimos tartamudeando. Pero entonces Dios nos recuerda que Él sabe que no podemos, pero que Él sí, y para demostrarlo da un maravilloso regalo. Da el espíritu de paz. Paz antes de la tormenta. Una paz fuera de toda lógica, o como Pablo la describe: «Paz, que es más grande que todo cuanto el hombre puede comprender» (Filipenses 4.7). Se la dio a David después que le mostró a Goliat; se la dio a Saulo después que le reveló el evangelio; se la dio a Jesús después que le mostró la cruz. Y se la dio a Gedeón. Así Gedeón, por su parte, le dio un nombre a Dios. Edificó un altar y lo llamó *Jehová-salom*, Jehová es paz (Jueces 6.24).

Por lo menos un par de piedras bajo la casa conocieron el cincel de Moisés. En una esculpió el nombre *Jehová-rophe*. Su traducción al castellano está en Éxodo 15.26 (RV-60): «Yo soy Jehová tu sanador». El escenario es el siguiente: Más de un millón de israelitas se liberaron de la esclavitud y siguieron a Moisés al desierto. El júbilo por la liberación pronto dio paso a la frustración por la deshidratación. (No se quejen. Trabajé mucho rato en la redacción de esta oración y peleé con dos editores para conservarla.) Caminaron tres días por una tierra donde no había sombra, ríos, casas, ni follajes. Sus únicos vecinos eran el sol y las víboras.

Finalmente llegaron a un lago, pero el agua era salobre, amarga y peligrosa. Estoy seguro que no era divertido en aquella época, pero algunos se ríen de lo que sucedió en seguida: «Entonces Moisés pidió ayuda al Señor, y Él le mostró un arbusto» (Éxodo 15.25). ¿Pide Moisés agua y Dios le da un arbusto?

Detengámonos y concretemos los daños. Tres días al sol del desierto. Se llenan de esperanza al ver el agua. Las esperanzas se hacen trizas al probar el agua. Moisés con la boca seca y los labios agrietados, pide alivio... ¿y Dios le muestra un arbusto?

Moisés responde arrojando el arbusto al agua. Quizás lo haya hecho agraviado: «Esto es lo que pienso de ese árbol». O por inspiración: «Tú mandas, Señor». Sea cual fuere la razón, el agua se purifica, los israelitas satisfacen la sed y Dios recibe la gloria. (Esta oración me llevó solo cinco minutos.) En este caso, Dios mismo revela su nombre: «Yo soy Jehová tu sanador» (Éxodo 15.26, RV-60).

La palabra operativa aquí es *yo*. Dios es el que sana. Él puede usar una rama de la medicina, una rama del hospital o la rama de una encina viva, pero Él es el que saca el veneno del sistema. Él es *Jehová-rophe*.

Él también es *Jehová-nisi*, Jehová es mi estandarte. En el fragor de la batalla, los soldados temían que se les perdiera su ejército. Por esa razón llevaban a la batalla un estandarte, y si uno de los combatientes se hallaba solo, el estandarte en alto era señal de un lugar seguro. Cuando los amalecitas (los grandotes malos) atacaron a los israelitas (los pequeños buenos), Moisés subió al monte y oraba. Mientras mantenía las manos en alto, los israelitas prevalecían. Pero cuando las bajaba, los amalecitas ganaban. Moisés no era un tonto... mantuvo sus brazos en alto. Los israelitas ganaron, los amalecitas huyeron, Moisés edificó un altar para Dios y cinceló un nuevo nombre sobre una piedra: *Jehová-nisi*, Jehová es mi estandarte (véase Éxodo 17.8-16).

Estos son solo unos pocos nombres de Dios que describen su carácter. Estúdialos, porque un día cualquiera, quizás necesites algunos de ellos. Ahora te explicaré lo que quiero decir.

Cuando estés confundido en cuanto al futuro, ve a tu *Jehová-raah*, el pastor que te cuida. Cuando estés ansioso por tu provisión, conversa con *Jehová-jireh*, el Señor que provee. ¿Es demasiado grande el desafío? Busca la ayuda de *Jehová-salom*, Jehová es paz. ¿Estás enfermo? ¿Estás débil emocionalmente? *Jehová-rophe*, Jehová sana lo resolverá. ¿Te sientes como un soldado extraviado tras las líneas enemigas? Refúgiate en *Jehová-nisi*, Jehová es mi estandarte.

La meditación en los nombres de Dios te recuerda el carácter de Dios. Toma estos nombres y atesóralos en el corazón.

Dios es

el pastor que guía,

el Señor que provee,

la voz que trae paz en la tormenta,

el médico que sana al enfermo, y

el estandarte que guía al soldado.

Pero por sobre todo, Él... es.

CAPÍTULO 4

EL
OBSERVATORIO

—| *Un afecto celestial* |—

Padre nuestro que estás en los cielos...

ACE UNAS POCAS MAÑANAS salí a trotar por el vecindario. Tengo fama de olvidar fechas importantes, pero hasta yo me daba cuenta de la significación del día. Era el primer día de clases. Por todos lados había cosas que me lo recordaban: entrevistas en los telediarios, la tiendas llenas de padres y los ómnibus amarillos que, al despertarse de su siesta veraniega, comenzaron a rodar ruidosamente por las calles. Mi propia familia había pasado la velada previa en la preparación de mochilas y meriendas.

Entonces, no fue una sorpresa para mí ver que de una casa sale una hermosa niñita con ropa nueva y su mochila a la espalda. No tendría más de cinco o seis años y se encaminó hasta el borde de la acera para esperar el ómnibus.

—¡Que pases un buen primer día de clases! —la saludé al pasar trotando junto a ella.

La niña se detuvo y me miró como si acabara de sacar un conejo del sombrero.

—¿Cómo lo supiste?

Estaba atónita. Desde su punto de vista, yo era un genio. De alguna manera, en forma milagrosa, había discernido por qué estaba levantada tan temprano y hacia dónde iba. Estaba muy impresionada.

—Ah, es que yo sé de esas cosas —le respondí volviéndome para mirarla. (No hacía falta bajarla de esa nube.)

Por otra parte, tú no te impresionas tan fácilmente. Sabes cómo me enteré. Entiendes la diferencia entre un niño y un adulto. Los adultos viven en un mundo diferente al de los niños. ¿Recuerdas cómo tus padres te asombraban? ¿Recuerdas que tu padre identificaba cualquier auto que pasara? ¿No te impresionaba la habilidad de tu mamá para tomar harina, leche y huevos y convertirlos en un cake? Mientras mis padres conversaban sobre el sermón dominical, recuerdo que pensaba: *No entendí una palabra de lo que dijo ese hombre.*

¿Cuál es la diferencia? Sencillo. En virtud de la preparación, el estudio y la experiencia, los adultos ocupan un dominio diferente. ¡Cuánto más esto es válido en relación con Dios! Toma la diferencia entre esa niña y yo, amplíala por un millón de veces y comenzaremos a notar el contraste entre nosotros y nuestro Padre. ¿Quién de nosotros puede considerar a Dios sin hacer la misma pregunta que la niña hizo? ¿Cómo lo supiste?

Pedimos gracia y nos encontramos con que ya se nos ha ofrecido el perdón. (¿Cómo supiste que iba a pecar?)

Pedimos comida, solo para descubrir que la provisión está lista. (¿Cómo supiste que iba a tener hambre?)

Pedimos dirección, solo para descubrir respuestas en la antigua historia de Dios. (¿Cómo supiste lo que iba a pedir?)

Dios mora en una esfera diferente. «Pues lo que en Dios puede parecer una tontería, es mucho más sabio que toda sabiduría humana» (1 Corintios 1.25). Él ocupa otra dimensión. «Mis pensamientos no son vuestros pensamientos, ni vuestros caminos mis caminos, dijo Jehová. Como son más altos los cielos que la tierra, así son mis caminos más altos que vuestros caminos, y mis pensamientos más que vuestros pensamientos» (Isaías 55.8-9, RV-60).

Nótese especialmente el contraste. Los pensamientos de Dios no son nuestros pensamientos, ni siquiera son *como* los nuestros. Ni siquiera estamos en el mismo vecindario. Pensamos: *Preserva el cuerpo*; Él piensa: *Salva el alma*. Soñamos con un aumento de sueldo. Él sueña que levanta al muerto. Eludimos el dolor y buscamos paz. Dios usa el dolor para traer paz. «Quiero vivir antes que muera», decimos. «Muere, y podrás vivir», nos ordena. Nos encanta lo que se oxida. A Él le encanta lo que perdura. Nos regocijamos en nuestros éxitos. Él se regocija con nuestras confesiones. Mostramos a nuestros hijos la estrella de los artículos *Nike* con su sonrisa de un millón de dólares y le decimos: «Sé como Mike Jordan». Dios nos señala al crucificado con los labios ensangrentados y el costado traspasado y dice: «Sé como Cristo».

Nuestros pensamientos no son como los pensamientos de Dios. Nuestros caminos no son como sus caminos. Él tiene una agenda diferente. Mora en una dimensión diferente. Vive en otra esfera. Esa esfera lo señala la primera oración del Padrenuestro: *«Padre nuestro que estás en los cielos»*.

EL OBSERVATORIO

Después de acomodarnos en la sala y de asegurarnos en cuanto a los cimientos, Jesús ahora nos conduce escaleras arriba. Subimos hasta el nivel más alto de la casa, nos paramos ante una pesada puerta de madera, aceptamos la invitación divina y entramos a su observatorio.

En esta habitación no hace falta telescopio. El cielo de cristal agranda el universo hasta que sientes que todo el cielo te rodea. Elevado instantáneamente a través de la atmósfera, te rodean los cielos. Pasan cascadas de estrellas hasta que sientes vértigo por la cantidad. Si tuvieras la capacidad de estar un minuto en cada planeta y estrella, la vida entera apenas alcanzaría para comenzar.

Jesús espera hasta que te sientas cautivado ante el esplendor de todo y luego te recuerda suavemente: «Tu Padre está en los cielos».

Recuerdo que en mi juventud conocí a algunos muchachos cuyos padres habían tenido mucho éxito. Uno era juez. El otro era un médico prometedor. Asistía a la iglesia con el hijo del alcalde. En Andrews, Texas, eso no era como para jactarse. Sin embargo, el muchacho podía decir algo que la mayoría no podía: «Mi padre tiene una oficina en los tribunales», se jactaba.

¿Adivinas de qué te puedes jactar? «Mi Padre gobierna el universo».

Los cielos cuentan la gloria de Dios, y el firmamento anuncia la obra de sus manos. Un día comunica su mensaje al otro día, y una noche a la otra declara sabiduría. No es un lenguaje de palabras, ni se escucha su voz; pero por toda la tierra salió su voz y hasta el extremo del mundo sus palabras. (Salmo 19.1-4, RVA)

La naturaleza es el taller de Dios. El cielo es su *currículum vitae*. El universo es su tarjeta de presentación. ¿Quieres saber quién es Dios? Contempla lo que ha hecho. ¿Quieres conocer su poder? Da un vistazo a su creación. ¿Sientes curiosidad por conocer su poder? Visita su domicilio: Avenida Cielo Estrellado # 1 Billón. ¿Quieres saber su tamaño? Sal de noche, mira la luz de una estrella emitida hace un millón de años y luego lee 2 Crónicas 2.6 (RV-60): «¿Quién será capaz de edificarle casa, siendo que los cielos y los cielos de los cielos no pueden contenerlo?»

La atmósfera de pecado no lo puede contaminar,

El curso de la historia no lo puede detener,

El cansancio corporal no lo puede frenar.

Lo que te retiene, no lo retiene a Él. Lo que te perturba, no lo perturba a Él. Lo que te fatiga, no lo fatiga a Él. ¿Molesta el tránsito a un águila? No, se eleva por encima de él. ¿Perturba el huracán a la ballena? Por supuesto que no, se sumerge en las profundidades. ¿Se pone nervioso el león cuando ve un ratón parado en su camino? No, le pasa por encima.

¡Cuánto más Dios puede elevarse, descender y pasar por encima de los problemas de la tierra! «Para los hombres esto es imposible, pero no para Dios» (Mateo 19.26). Nuestras preguntas revelan nuestra falta de entendimiento.

¿Cómo puede Dios estar en todas partes al mismo tiempo? (¿Quién dice que a Dios lo limita un cuerpo?)

¿Cómo puede Dios oír todas las oraciones que le llegan? (Quizás sus oídos son diferentes a los tuyos.)

¿Cómo puede Dios ser Padre, Hijo y Espíritu Santo? (¿Podría ser que la física del cielo fuera distinta a la de la tierra?)

Si la gente aquí no me quiere perdonar, ¿cuánto más culpable soy ante un Dios santo? (Ah, es todo lo contrario. Dios siempre está dispuesto a dar gracia cuando los humanos no pueden: Él la inventó.)

Cuán vital es que oremos, armados del conocimiento de que Dios está en los cielos. Ora con una convicción un poco menor y tus oraciones serán tímidas, superficiales y vacías. Pero camina unos momentos por los talleres del cielo, contempla lo que Dios ha hecho y descubrirás cómo tus oraciones cobran energía.

A propósito del taller del Padre, te contaré acerca de una visita que hice a un taller cuando tenía ocho años.

EL TALLER DE DIOS

El momento cumbre de mi carrera de niño explorador fue la carrera de autos de cajones de madera. ¿Has oído de personas que se paran sobre un cajón para pronunciar discursos?

Nosotros nos metíamos dentro de cajones de jabón para ganar un trofeo. La competencia era sencilla. Consistía en hacerse un carrito de madera y participar en una carrera cuesta abajo. Algunas de las creaciones eran muy elaboradas, completas, con volante y carrocería pintada. Otros eran solo un asiento sobre un chasis de madera con cuatro ruedas y cordeles en vez de volante de dirección. Mi plan era construir un genuino coche de turismo rojo como el que aparecía en el manual del explorador. Armado de serrucho y martillo, un atado de tablas y mucha ambición, me lancé a la tarea de ser el Henry Ford de la tropa 169.

No sé por cuánto tiempo mi padre me observó antes de interrumpir mi trabajo. Probablemente no mucho rato, puesto que mis esfuerzos no eran un buen espectáculo. El serrucho se atascaba continuamente y la madera se torcía. Los clavos se doblaban y los paneles no cuadraban. En algún punto, papá intervino misericordiosamente, me dio una palmadita en el hombro y me dijo que lo siguiera a su taller.

La pequeña casa de madera al fondo del patio era de soberanía absoluta de mi padre. En realidad, nunca había prestado atención a lo que él hacía adentro. Todo lo que sabía era que oía el zumbido de sierras, el golpear de martillos y el silbido de un trabajador contento. Guardaba allí mi bicicleta, pero nunca había notado las herramientas. Pero, además, nunca había tratado de hacer algo. El siguiente par de horas de ese día, papá me condujo al mundo mágico de los caballetes, las escuadras, la cintas métricas y los taladros. Me enseñó a trazar un plano y a medir la madera. Me explicó por qué era más sabio martillar primero y pintar después. Lo que para mí era imposible, para él era sencillo. En una tarde llegué a construir un vehículo bastante decente. Aunque no gané el trofeo, terminé sintiendo una gran admiración por mi padre. ¿Por qué? Había estado unos momentos en su taller.

¿Te das cuenta de lo que quiero decir, verdad? Cuando nos muestra los cielos, Jesús nos enseña el taller de su Padre. Deja que nos demos martillazos en los dedos las veces que sea necesario y luego nos da una palmadita en el hombro y nos dice: «Tu Padre puede hacer esto por ti». Y para probarlo nos lleva al taller de su Padre. Con un amplio movimiento de sus manos proclama orgulloso: «¡Padre nuestro que estás en los cielos!»

Miremos el sol. Cada metro cuadrado del sol emite constantemente una potencia de 155.000 caballos de fuerza, o el equivalente de 535 motores de automóviles de ocho cilindros. Y nuestro sol, tan poderoso, es apenas una pequeña estrella en los cien mil millones de esferas que forman la Vía Láctea. Toma entre los dedos una pequeña moneda de diez centavos, extiende el brazo hacia el cielo para que la moneda eclipse tu visión y habrás quitado de la vista quince millones de estrellas.

Consideremos la tierra. El peso de nuestro globo se ha estimado en unas seis mil trillones toneladas (un seis con veintiún ceros). Sin embargo, tiene una inclinación precisa de veintitrés grados; un poco más o un poco menos y nuestras estaciones se perderían en un diluvio provocados por el derretimiento de los hielos polares. Aunque nuestro globo gira a una velocidad 29,6 km/seg, ó 106.560 km/h, ó 2.557.440 km/día, ó 933,465.600 km/año, ninguno de nosotros sale dando volteretas para quedar en órbita. Nuestro Dios que «extendió el cielo sobre el vacío y colgó la tierra sobre la nada» (Job 26.7), también creó una banda invisible de gravitación que nos sostiene en forma segura.[1]

Ahora, mientras estás en el observatorio contemplando el taller de Dios, te haré algunas preguntas. Si Él es poderoso para poner las estrellas en sus lugares y colgar los cielos como una cortina, ¿piensas que es remotamente posible que Dios pueda guiar tu vida? Si Dios es suficientemente poderoso para encender el sol, ¿será que tiene suficiente poder para iluminar tu sendero? Si se preocupa del planeta Saturno para darle sus anillos o de Venus para hacerlo brillar, ¿hay una posibilidad adicional de que se preocupe de ti tanto como para satisfacer tus necesidades? O, como dice Jesús:

> Mirad las aves que vuelan bajo el cielo: ni siembran ni siegan ni almacenan en graneros la cosecha; sin embargo, vuestro Padre que está en el cielo les da de comer. Pues bien ¿acaso no valéis vosotros más que las aves? ... ¿Y por qué estáis preocupados por la ropa? Mirad cómo crecen los lirios del campo: no trabajan ni hilan. Sin embargo, os digo que ni aun el rey Salomón, con todo su lujo, se vestía como uno de ellos. Pues si Dios viste así a la hierba, que hoy está en el campo y mañana se quema en el horno, ¿acaso no os vestirá con más razón a vosotros, gente falta de fe? (Mateo 6.26-30)

¿Por qué lo hizo? Una choza hubiera bastado, pero nos dio una mansión. ¿Tenía que dar a las aves una canción y a los montes sus picos? ¿Estaba obligado a poner franjas en la

---

1 Adaptado de Brennan Manning, *The Ragamuffin Gospel* [El evangelio del pilluelo], Multnomah Press, Portland, OR, 1990, pp. 32,33.

cebra y jorobas en el camello? ¿Entenderíamos la diferencia si hubiera hecho los atardeceres grises en vez de color naranja? ¿Por qué las estrellas titilan y las olas tienen crestas de blanca espuma? ¿Por qué salpica el cardenal de rojo y envuelve en sus vestiduras a la ballena blanca? ¿Por qué viste la creación con tanto esplendor? ¿Por qué se toma tanto trabajo para dar tales regalos?

¿Por qué tú lo haces? Te he visto buscar un regalo. Te he visto merodeando por los centros comerciales y recorriendo galerías. No me refiero a regalos obligatorios. No se trata de la compra de último minuto de un perfume barato en camino hacia una fiesta de cumpleaños. Olvídate de las ofertas y los baratillos. Me refiero a esa persona superespecial y ese regalo más que especial. Me refiero a ir ahorrando de las compras unos pesos cada mes para regalarle botas de cuero de cocodrilo; examinar un sinfín de anillos para hallar el mejor diamante; no acostarse en la víspera de Navidad para armar la bicicleta nueva. ¿Por qué lo haces? Lo haces para que los ojos salten de las órbitas. Lo haces para que se pare el corazón. Lo haces para que se queden boquiabiertos. Lo haces para oír esas palabras de incredulidad: «¿Lo hiciste por *mí*?»

Por eso es que lo haces. Y por eso es que Dios lo hace. La próxima vez que el amanecer te quite el aliento o una pradera florida te deje sin habla, quédate así. No digas nada y escucha cómo el cielo murmura: «¿Te gusta? Lo hice para ti».

Estoy a punto de decirte algo que quizás te parezca difícil de creer. Vas oír una opinión que tal vez ponga a prueba tu imaginación. No tienes que estar de acuerdo conmigo, pero me gustaría que lo considerásemos juntos. No tienes que comprarlo, pero al menos piénsalo. Es esto: *Si fueras la única persona sobre la tierra, la tierra luciría exactamente igual.* Los Himalayas tendrían aún su dramatismo y el Caribe sus encantos. El sol todavía se pondría tras las montañas por las tardes y esparciría su luz por el desierto en las mañanas. Si fueras el único peregrino sobre este globo, Dios no disminuiría su belleza en un solo grado.

Puesto que lo hizo todo por ti... Él espera que descubras su regalo. Espera que entres dando traspiés a la sala de estar, te restriegues los ojos somnolientos y veas la resplandeciente bicicleta roja que armó, para ti. Espera que tus ojos salten de las órbitas y tu corazón se detenga. Espera el momento en que te quedes con la boca abierta y salte el corazón. Porque en ese silencio Él se acerca y murmura: *Lo hice para ti.*

¿Te parece difícil creer en tanto amor? No hay problemas. ¿Recuerdas la niñita que no podía imaginar cómo sabía que ella iba a la escuela? Que no pudiera comprender no significaba que yo no lo supiera. Y solo porque no podemos imaginarnos a Dios dándonos puestas de sol, no creo que Dios no las haga. Los pensamientos de Dios son más altos que nuestros pensamientos. Los caminos de Dios son más altos que los nuestros. Y a veces, de su gran sabiduría, nuestro Padre celestial nos da un pedazo de cielo para mostrarnos que Él nos cuida.

CAPÍTULO 5

LA
CAPILLA

—| *Donde el hombre cierra la boca* |—

Santificado sea tu nombre...

CUANDO VIVÍA en Brasil llevé a mamá y su amiga a ver las cataratas de Iguazú, las más grandes del mundo. Unas semanas antes me hice experto en cataratas leyendo un artículo de la revista *National Geographic*. Sin duda, pensaba, mis invitados apreciarán la buena fortuna de tenerme como guía.

Para llegar al mirador, los turistas tienen que caminar por un serpenteante sendero a través de un bosque. Aproveché la caminata para dar a mamá y su amiga un informe sobre la naturaleza en Iguazú. Estaba tan lleno de información que hablé todo el tiempo. Sin embargo, después de unos minutos me encontré hablando cada vez más fuerte. Un sonido a la distancia me obligaba a alzar mi voz. Con cada curva del sendero mi volumen subía. Finalmente, estaba gritando por superar un rugido que resultó bastante irritante. *Sea cual fuere la fuente de ese ruido, quisiera que callara para terminar mi conferencia.*

Solo al llegar al claro me di cuenta que el ruido provenía de las cataratas. La fuerza y la furia de lo que trataba de describir ahogaron mis palabras. Ya no me podían oír. Y aun si hubieran podido, ya no tenía audiencia. Incluso mi madre prefería ver el esplendor en vez de oír mi descripción. Cerré la boca.

Hay momentos en que hablar es violar el momento... cuando el silencio representa el mayor respeto. La palabra para tales momentos es reverencia. La oración para tales momentos es «Santificado sea tu nombre». Y el lugar para esta oración es la capilla.

Si hay paredes, no las notarás. Si hay una banca, no la necesitarás. Tus ojos estarán fijos en Dios y tus rodillas estarán sobre el suelo. En el centro de la habitación hay un trono y delante del trono hay un reclinatorio para arrodillarse. Solamente Dios y tú están aquí, y puedes imaginarte quién ocupa el trono.

No te preocupes por tener las palabras adecuadas; preocúpate más por tener el corazón adecuado. Él no busca elocuencia, solo sinceridad.

TIEMPO DE CALLAR

Esta fue una lección que Job tuvo que aprender. Si tenía un defecto, era su lengua. Hablaba demasiado.

No era que nadie pudiera culparlo. La calamidad le cayó

encima a este hombre como un león sobre una manada de gacelas, y cuando pasó el asolamiento, difícilmente quedaba una pared en pie o un ser querido vivo. Los enemigos mataron el ganado de Job, el rayo destruyó sus ovejas. Vientos poderosos sumieron en la desgracia a sus hijos que celebraban una fiesta.

Y eso fue solamente el primer día.

Job no había tenido tiempo de llamar al seguro cuando vio que tenía lepra en las manos y erupciones en la piel. Su esposa, alma compasiva, le dijo: «¡Maldice a Dios y muérete!» Sus cuatro amigos llegaron con los modales de un sargento de instrucción, diciéndole que Dios es justo y el dolor es el resultado del mal, y tan cierto como que dos más dos es cuatro, Job debe de tener delitos en su pasado para sufrir de esa manera.

Cada cual tenía su propia interpretación de Dios y por qué Dios hizo lo que hizo. No eran los únicos que hablaban de Dios. Cuando sus acusadores callaban, Job respondía. Las palabras iban y venían...

Abrió Job su boca... (3.1).
Entonces respondió Elifaz temanita... (4.1).
Respondió entonces Job... (6.1).
Respondió Bildad suhita... (8.1).
Respondió Job... (9.1).
Respondió Sofar naamatita... (11.1).

Este ping-pong verbal continúa a través de veintitrés capítulos. Finalmente Job está harto de respuestas. No hay más cháchara ni discusión de grupo. Llegó el momento del discurso principal. Toma el micrófono con una mano y el púlpito con la otra y se lanza en su discurso. A través de seis capítulos Job da su opinión acerca de Dios. Esta vez los capítulos comienzan así: «Respondió Job», «Reasumió Job su discurso», «Volvió Job a reanudar su discurso». Define a Dios, explica a Dios y evalúa a Dios. Uno queda con la impresión de que Job sabe más de Dios que Dios mismo.

Tenemos treinta y siete capítulos en el libro antes que Dios aclare su garganta y se ponga a hablar. El capítulo treinta y ocho empieza con estas palabras: «Entonces el Señor habló a Job».

Si su Biblia es como la mía, hay un error en este versículo. Las palabras están bien, pero el impresor usa una tipografía equivocada. Las palabras debieran verse así:

¡ENTONCES EL SEÑOR HABLÓ A JOB!

Dios habla. Los rostros se vuelven hacia el cielo. Los vientos doblan los árboles. Los vecinos se meten en los refugios para tormentas. Los gatos salen disparados a subirse a los árboles y los perros se esconden entre los arbustos. «Hay mucho viento, mi amor. Es mejor que entres las sábanas que tendiste». En cuanto Dios abre su boca, Job se da cuenta que era mejor mantener cerrados sus ulcerados labios.

Muéstrame ahora tu valentía, y respóndeme a estas preguntas: ¿Dónde estabas cuando yo afirmé la tierra? ¡Dímelo, si de veras sabes tanto! ¿Sabes quién decidió cuánto habría de medir, y quién fue el arquitecto que la hizo? ¿Sobre qué descansan sus cimientos? ¿Quién le puso la piedra principal de apoyo, mientras cantaban a coro las estrellas de la aurora entre la alegría de mis servidores celestiales? (38.3-7)

Dios llena los cielos de preguntas y Job no puede menos que entender el argumento: Solo Dios define a Dios. Tienes que saber el alfabeto antes de saber leer, y Dios le dice a Job: «Tú ni siquiera conoces el abecedario del cielo, mucho menos su vocabulario». Por primera vez, Job guarda silencio. Un torrente de preguntas lo silenció.

¿Has visitado el misterioso abismo donde tiene sus fuentes el océano? ... ¿Has visitado los depósitos donde guardo la nieve y el granizo ... ? ¿Acaso eres tú quien dio la fuerza al caballo, quien adornó su cuello con la crin? ¿Acaso tú lo haces saltar como langosta, con ese soberbio resoplido que impone terror? ... ¿Acaso eres tan sabio que enseñas a volar al halcón, y a tender su vuelo hacia el sur? (38.16,22; 39.19-20,26)

Job casi no tiene tiempo de menear su cabeza ante una pregunta cuando ya se le ha hecho la siguiente. La insinuación del Padre es clara: «En cuanto seas capaz de manejar cosas tan sencillas como almacenar estrellas y alargar el cuello del avestruz, podremos conversar sobre dolor y sufrimiento. Pero mientras tanto, podemos seguir sin tus comentarios».

¿Captó Job el mensaje? Pienso que sí. Escuchemos su respuesta: «¿Qué puedo responder yo, que soy tan poca cosa? Prefiero guardar silencio» (40.3,4).

Notemos el cambio. Antes de oír a Dios, Job hablaba sin saciarse. Después de oír a Dios, no puede hablar.

El silencio era la única respuesta adecuada. Hubo un

tiempo en la vida de Tomás de Kempis cuando él también guardó silencio. Había escrito profusamente acerca del carácter de Dios. Pero un día Dios lo confrontó con una gracia tan santa, que a partir de ese momento todas las palabras de Kempis «parecían paja». Dejó a un lado su pluma y no volvió a escribir otra línea. Había guardado silencio.

La palabra oportuna para tales momentos es reverencia.

La habitación para esos momentos es la capilla.

La frase para la capilla es «Santificado sea tu nombre».

UN CORTE POR ENCIMA

Esta frase es una petición, no una proclamación. Un pedido, no un anuncio. Santificado *sea* tu nombre. Entramos en la capilla y rogamos: «Santificado seas, Señor». Haz lo que sea necesario para ser santo en mi vida. Ocupa el lugar que te corresponde en el trono. Exáltate. Magnifícate. Glorifícate. Sé tú el Señor y yo callaré.

La palabra *santificado* viene de la palabra *santo*, y la palabra *santo* significa «separar». El origen de la palabra puede remontarse a una antigua palabra que significaba «cortar». Entonces, ser santo es cortar por encima de la norma, ser superior, extraordinario. ¿Recuerdas lo que aprendimos en el observatorio? El Santo habita en un nivel diferente del resto de nosotros. Lo que nos atemoriza a nosotros no lo atemoriza a Él. Lo que nos atribula, a Él no le causa tribulación.

Soy más marinero de agua dulce que de agua salada, pero he recorrido bastante en barco para pescar como para conocer el secreto de llegar a tierra en medio de una tormenta... No tienes que mirar a otro barco. Ciertamente no tienes que mirar las aguas. Es necesario mirar un objeto que el viento no dañe (una luz en la costa) y avanzar directamente hacia ella. La tormenta no estropea la luz.

Cuando buscas a Dios en la capilla, haces lo mismo. Cuando pones la mira en nuestro Dios, fijas la vista en uno «cortado por encima» a cualquier tormenta de la vida.

Como Job, encontrarás paz en medio del dolor.

Como Job, cerrarás la boca y guardarás silencio.

«¡Silencio! ¡Sepan que yo soy Dios!» (Salmo 46.10, *La Biblia al día*). Este versículo contiene un mandamiento con una promesa.

¿El mandamiento?

Silencio.

Cierra tu boca.

Dobla tus rodillas.

¿La promesa? Sabrás *que yo soy Dios.*

El velero de la fe navega en aguas tranquilas. La creencia vuela sobre las alas de la espera.

Quédate en la capilla. Quédate por largo rato y a menudo en la capilla. En medio de las tormentas diarias, hazte el propósito de guardar silencio y poner la mira en Él. Deja que Dios sea Dios. Deja que Dios te bañe en su gloria de manera que tu aliento y tus problemas los absorba de tu alma. Guarda silencio. Calla. Sé receptivo y dispuesto. Entonces sabrás que Dios es Dios, y no podrás menos que confesar: «Santificado sea tu nombre».

CAPÍTULO 6

EL
TRONO

─┤ *En contacto con el corazón del Rey* ├─

Venga tu reino...

NUESTRA FAMILIA salió a buscar escritorios recientemente. Necesitaba uno nuevo para mi oficina, y ha-
bíamos prometido a Sara y Andrea escritorios para
sus habitaciones. Sara estaba especialmente entusiasmada.
Cuando regresa de la escuela, adivinen, ¿qué hace? ¡Juega a
la escuela! En mi niñez nunca hice eso. Trataba de olvidar
las actividades del aula, no las repetía. Denalyn me pide que
no me aflija, que esta es una de esas diferencias en la gama
de intereses entre géneros. De modo que fuimos a la mueblería.

Cuando compra muebles, Denalyn prefiere uno de dos
extremos: tan antiguo que es frágil, o tan nuevo que está sin

pintar. Esta vez optamos por lo último y entramos en una tienda donde los muebles estaban en paños menores.

Andrea y Sara lograron hacer rápidamente su elección y me dirigí a hacer lo mismo. En algún punto del proceso Sara se enteró de que no íbamos a llevar los escritorios a casa el mismo día y la noticia la llenó de inquietud. Le expliqué que el mueble había que pintarlo y lo enviarían dentro de cuatro semanas. Lo mismo hubiera dado decirle cuatro milenios.

—Pero, papito, yo quería llevarlo a casa hoy mismo —me dijo con los ojos llenos de lágrimas.

Como punto a favor de ella, no pateó, ni exigió que se hiciera a su manera. Sin embargo, se puso en acción para hacer cambiar de parecer a su papá. Cada vez que doblaba en un pasillo estaba esperándome.

—Papito, ¿no crees que podríamos pintarlo nosotros mismos?

»Papito, quiero hacer unos dibujos en mi nuevo escritorio.

»Papito, por favor, vamos a llevarlo a casa hoy.

Después de un rato desapareció, solo para regresar con los brazos extendidos y desbordante de entusiasmo con un descubrimiento. —Papito, ¿sabes qué? ¡Cabe en el portaequipajes del auto!

Tú y yo sabemos que una niña de siete años no tiene conciencia de lo que cabe o no cabe en un auto, pero el hecho de que hubiera medido el portaequipajes con sus brazos ablandó mi corazón. Sin embargo, el factor decisivo fue el nombre que me dio:

—Papito, por favor, ¿podemos llevarlo a casa?

La familia Lucado llevó el escritorio a casa ese día.

Escuché la petición de Sara por la misma razón que Dios escucha las nuestras. El deseo de ella era para su propio bien. ¿Qué padre no quiere que su hija pase más tiempo escribiendo y dibujando? Sara quería lo que quería para ella, solo que lo quería más pronto. Cuando coincidimos con lo que Dios quiere, Él nos oye también (véase 1 Juan 5.14).

La petición de Sara era de corazón. A Dios, también, lo conmueve nuestra sinceridad. «La oración fervorosa del hombre bueno tiene mucho poder» (Santiago 5.16)

Pero, por sobre todo, lo que me movió a responder es que Sara me llamó «papito». Respondí su petición porque es mi hija. Dios responde las nuestras porque somos sus hijos. El Rey de la creación presta especial atención a la voz de su familia. Él no solamente está dispuesto a oírnos; le gusta oírnos. Llega al punto de decirnos lo que debemos pedirle.

«Venga tu reino».

VENGA TU REINO

Con frecuencia nos contentamos con pedir menos. Entramos en la Gran Casa de Dios con una cartera llena de peticiones: ascensos, aumentos de sueldos, necesidad de reparar la transmisión y dinero para pagar los estudios. Típicamente decimos nuestras oraciones tan informalmente como cuando pedimos una hamburguesa en un negocio: «Necesito que me resuelvas un problema y me des dos bendiciones, pero ahórrate el protocolo, por favor».

Pero esa complacencia parece inadecuada en la capilla de adoración. Aquí estamos delante del Rey de reyes. Acabamos de cerrar la boca en reverencia por su santidad, ¿ahora la abrimos con el tema de la transmisión? No es que nuestras necesidades no le importen, cuidado. Solo es que lo que parecía tan urgente fuera de la casa, acá adentro parece muy insignificante. Todavía se desean el aumento de sueldo y el ascenso, ¿pero es allí donde comenzamos?

Jesús nos dice cómo comenzar. «Ora más o menos así: "Padre nuestro que estás en los cielos, santificado sea tu nombre. Venga tu reino"» (*La Biblia al día*).

Cuando dices: «Venga tu reino», estás invitando a que el Mesías mismo entre en tu mundo. «Ven, Rey mío. Pon tu trono en nuestra tierra. Te ruego que estés presente en mi corazón. Te ruego que estés presente en mi oficina. Entra en mi matrimonio. Sé Señor de mi familia, de mis temores y mis dudas». Esta no es una petición débil; es una osada apelación a Dios para que ocupe cada rincón de tu vida.

¿Quién eres para pedir tal cosa? ¿Quién eres para pedir a Dios que tome el control de tu mundo? ¡Por amor del cielo, eres su hijo! Así que puedes pedir confiadamente. «Acerquémonos, pues, con confianza, al trono de vuestro Dios amoroso, para que tenga misericordia de nosotros y en su bondad nos ayude en la hora de la necesidad» (Hebreos 4.16).

UN DRAMA ESPIRITUAL

Una maravillosa ilustración de este tipo de confianza está en la historia de Hadasa. Aunque su idioma y su cultura están a un mundo de distancia de nosotros, ella le puede contar acerca del poder de una oración dirigida a un rey. Aunque hay un par de diferencias. Su petición no iba dirigida a su padre, sino a su marido. La oración no era por un escritorio, sino por la liberación de su pueblo. Y debido a que entró en la sala del trono, debido a que abrió su corazón al rey, este cambió sus planes y millones de personas en ciento veintisiete países diferentes se salvaron.

Ah, cómo me gustaría que conocieras a Hadasa. Pero, puesto que ella vivió en el siglo quinto antes de Cristo, tal encuentro no es posible. Tenemos que contentarnos con leer acerca de ella en un libro que lleva su nombre, su otro nombre: el Libro de Ester.

¡Qué libro! Hollywood tiene un desafío, tratar de imitar el drama de esta historia... El malo Amán, que exigía que todos le rindieran homenaje... El valeroso Mardoqueo que se negó a arrodillarse delante de Amán... Las grandes palabras de Mardoqueo a Ester que si ella había sido elegida reina era «para ayudarnos en esta situación»... y la convicción de Ester para salvar a su pueblo: «Si me matan, que me maten», decidió.

Demos un vistazo a los personajes principales.

Asuero era rey de Persia. Era un monarca absoluto sobre la tierra desde la India hasta Etiopía. Asuero movía una ceja y podía cambiar el destino del mundo. En este sentido simbolizaba el poder de Dios porque nuestro Rey dirige el río de la vida y ni siquiera necesita levantar una ceja.

Amán (que tenía la curiosa afición de colgar gente en la horca) era el brazo derecho de Asuero. Lea todo lo que se dice acerca de este hombre y no encontrará nada bueno. Era un ególatra insaciable que quería que toda persona en el reino le rindiera culto. Perturbado por la pequeña minoría de los llamados judíos, decidió exterminarlos. Convenció a

Asuero que el mundo sería mejor con un holocausto y estableció la fecha para el genocidio de todos los descendientes de Abraham.

Amán es un siervo del infierno y un retrato del diablo mismo, que no tenía un objetivo más elevado que ver que toda rodilla se doblase a su paso. También Satanás no tiene otro plan que perseguir al pueblo prometido de Dios. Vino para «robar, matar y destruir» (Juan 10.10). «El diablo, sabiendo que le queda poco tiempo, ha bajado ... lleno de furor» (Apocalipsis 12.12). Desde su mentira en el huerto de Edén, ha tratado de desbaratar el plan de Dios. En este caso Satanás espera destruir a los judíos y al linaje de Jesús. Para Amán, la matanza era una cuestión de conveniencia personal. Para Satanás, es cuestión de supervivencia. Hará todo lo necesario para impedir la presencia de Jesús en el mundo.

Por eso es que no quiere que oremos de la manera que Jesús enseñó: «Venga tu reino».

Ester, la hija adoptiva de Mardoqueo, llegó a ser reina después de ganar un concurso Miss Persia. En un solo día pasó del anonimato a la realeza, y en más de una forma hace que te acuerdes de ti mismo. Ambos son residentes en el palacio: Ester, la esposa de Asuero y tú, la esposa de Cristo. Ambos tienen acceso al trono del rey, y ambos tienen un consejero que les guía y ayuda. Su consejero es el Espíritu Santo. El consejero de Ester era Mardoqueo.

Mardoqueo fue el que pidió a Ester que mantuviera en secreto su nacionalidad judía. Mardoqueo fue el que convenció a Ester que hablara con Asuero acerca de la inminente matanza. Quizás te preguntes por qué ella necesitaba aliento. Mardoqueo debe de haberse preguntado lo mismo.

Escuchemos el mensaje que recibió de Ester: «Todos los que sirven al rey, y los habitantes de las provincias bajo su gobierno, saben que hay una ley que condena a muerte a todo hombre o mujer que entre en el patio interior del palacio para ver al rey sin que él le haya llamado, a no ser que el rey tienda su cetro de oro hacia esa persona en señal de clemencia, y le perdone así la vida. Por lo que a mí toca, hace ya treinta días que no he sido llamada por el rey» (Ester 4.11).

Aunque nos parezca muy extraño, ni siquiera la reina podía acercarse al rey sin una invitación. Entrar a la sala del trono sin invitación era arriesgarse a la horca. Pero Mardoqueo la convence de que debe correr el riesgo. Si se pregunta por qué veo a Mardoqueo como imagen del Espíritu Santo, observa la manera de animarla a hacer lo bueno: «No creas que tú, por estar en el palacio real, vas a ser la única judía que salve la vida. Si ahora callas y no dices nada, la liberación de los judíos vendrá de otra parte, pero tú y la familia de tu padre moriréis. ¡A lo mejor tú has llegado a ser reina precisamente para ayudarnos en esta situación!» (4.13,14).

Observa cómo responde Ester. «Ester se puso sus vestiduras reales y entró en el patio interior del palacio, deteniéndose en la sala en la que el rey estaba sentado en su trono» (Ester 5.1).

¿Logras verla? Como recién salida de la portada de la revista *Mademoiselle*. ¿Puedes ver al rey Asuero? Hojea su ejemplar de *Coches y Carrozas*. A cada lado hay un corpulento guardia. Detrás de él un eunuco parlanchín. Por delante tiene un largo día de reuniones de gabinete y de burocracia real. Deja escapar un suspiro y se hunde en su trono... y con el rabillo del ojo logra divisar a Ester.

«En cuanto el rey vio a la reina Ester en el patio, se mostró cariñoso con ella» (5.2). Te daré una traducción propia a ese versículo: «En cuanto el rey vio a la reina Ester parada en el patio dijo: ¡Caramba! ¡Qué maravilla!» «Y extendió hacia ella el cetro de oro que llevaba en la mano. Ester se acercó y tocó el extremo del cetro» (5.2)

Lo que sigue es el rápido colapso de las barajas de Satanás. Amán hace planes para colgar a Mardoqueo, el único hombre que no se ha arrodillado a sus pies. Ester planifica tener un par de banquetes con Asuero y Amán. Al final del segundo banquete, Asuero ruega a Ester que le pida algo. Ester mira tímidamente al suelo y dice: «Ya que lo dices, hay un favor pequeñito que quiero pedirte». Y procedió a informar al rey del virulento antisemita que estaba decidido a matar a sus amigos como si fueran ratas, lo cual significaba que Asuero estaba al punto de perder su esposa si no actuaba con prontitud; ¿y tú no deseas eso, verdad, mi amor?

Asuero preguntó el nombre del asesino y Amán miró las salidas de emergencia. Ester destapó el pastel y Asuero perdió su sangre fría. Sale dando un portazo, sale a tomar aire y regresa solo para encontrar a Amán a los pies de Ester. Amán esta pidiendo misericordia, pero el rey piensa que está tratando de seducir a la reina. Antes de tener la oportunidad de explicar, Amán es llevado a la horca que construyó para Mardoqueo.

Amán ocupa la horca de Mardoqueo. Mardoqueo ocupa el puesto de Amán. Ester duerme feliz esa noche. Los judíos viven para ver otro día. Y tenemos un dramático recuerdo de lo que ocurre cuando nos acercamos a nuestro Rey.

Como Ester, nos han sacado del anonimato y se nos ha dado un lugar en el palacio.

Como Ester, tenemos vestiduras reales; las suyas eran de tela, nosotros estamos vestidos de justicia.

Como Ester tenemos el privilegio de hacer nuestras peticiones.

Eso fue lo que Sara hizo. Su petición no era tan espeluznante como la de Ester, pero cambió los planes de su padre. De paso, la parábola viva de Sara y su escritorio no terminó en la mueblería.

Cuando íbamos a casa, ella se dio cuenta que mi escritorio estaba en la mueblería todavía. «Supongo que no rogaste, ¿verdad, papito?» (No tenemos porque no pedimos.)

Cuando descargamos el escritorio, me invitó a «bautizarlo» haciendo un dibujo. Hice un letrero que decía: «Escritorio de Sara». Ella hizo otro que decía: «Amo a mi papito» (Adoración es la respuesta adecuada para la oración contestada.)

La parte favorita de la historia es lo que ocurrió al día siguiente. En mi sermón dominical mencioné el acontecimiento. Una pareja de la iglesia pasó a buscar el escritorio diciendo que lo iban a pintar. Cuando lo devolvieron dos días más tarde, estaba cubierto de ángeles. Y me acordé que cuando oramos «Venga tu reino», ¡viene! Todas las huestes celestiales acuden en nuestra ayuda.

CAPÍTULO 7

EL ESTUDIO

Cómo revela Dios su voluntad

Sea hecha tu voluntad...

SI LA ESCENA no fuera tan común, sería cómica. Dos apesadumbrados discípulos regresan a su hogar en Emaús arrastrando los pies. Por lo alicaído que estaban nunca pensarías que era el domingo de resurrección. Por el aspecto de sus rostros podría pensarse que Jesús aún estaba en la tumba. «Nosotros teníamos la esperanza de que Él fuese el libertador de la nación de Israel», se lamentaban (Lucas 24.21).

¡Como si no lo hubiera hecho! ¿Cómo pueden estar tan cerca de Jesús y no darse cuenta? Jesús acaba de libertar al mundo, ¿y ellos se quejan de Roma? Jesús vino a ocuparse del pecado y la muerte, ¿y ellos quieren que se ocupe de César y los soldados? Jesús vino a librarnos del infierno, ¿y ellos quieren liberarse de los impuestos?

¡Hablan de falta de comunicación! ¡Se perdieron la revolución!

Cometí el mismo error el mes pasado. La revolución que me perdí no era como la que se perdieron los discípulos, pero la perdí del mismo modo.

Las colonias de Nueva Inglaterra jamás fueron lo mismo después del «*Tea party*» [fiesta del té] en Boston. Europa no volvió a ser la misma después de la batalla de Normandía. La iglesia no ha vuelto a ser la misma desde que Lutero clavó las noventa y cinco tesis en la puerta de Wittenberg. Y mi vida no volverá a ser la misma ahora que el correo electrónico ha entrado en mi oficina.

Los pensadores de vanguardia del personal de la iglesia habían estado presionando durante meses para que se hiciera el cambio. «Piensa», decían, «con solo mover el cursor y hacer clic con el ratón el mensaje se habrá enviado».

Les resultaba fácil decirlo. Hablaban la jerga de las computadoras. Yo no. Hasta hace muy poco, pensaba que un ratón era un roedor que podías atrapar. Hasta donde llegaban mis conocimientos, un *monitor* era un tipo que te preguntaba por qué andabas en los pasillos en las horas de clases.

¿Cómo podía saber que *interfaz* era una expresión de computación y no un dicho para el remate del baloncesto norteamericano? Perdóname por quedarme rezagado, pero un individuo tiene su capacidad limitada. Pasó de la noche a la mañana. Me fui a dormir en la sencilla sociedad de las notas pegadas alrededor de uno en el escritorio, y desperté en la cultura sin papeles del correo electrónico. Imagínate mi confusión cuando cada uno comenzó a parlotear en su nuevo vocabulario. «Te mandé por correo electrónico un memorándum que encontré en www.confusión.com. ¿Por qué no descargas tu archivo de órdenes a mi subdirectorio y podemos hacer un interfaz por el internet?

¿Qué había de malo en «¿Recibiste mi nota?»

Extraño los viejos tiempos. Echo de menos la era de la pluma que raspa el papel y las notas pegadas en mi puerta. Anhelo ver de nuevo la escritura a mano y usar como posavasos para mi taza de café el memorándum «mensaje mientras estabas ausente».

Sin embargo, el cambio era inevitable y resistiendo con mis tacones hundidos en la alfombra, me arrastraron al submundo del correo electrónico. En parte porque estaba ocupado y en parte por porfiado, descuidé el aprendizaje del sistema. Todos los días el correo de la red me avisaba con su bip la llegada de mensajes. Cada día el número crecía: «Max Lucado tiene diez mensajes sin leer en su casilla». «Max Lucado tiene cincuenta y dos mensajes sin leer en su casilla». «Max Lucado tiene noventa y tres mensajes sin leer en su casilla».

Finalmente me rendí. Después de que me asesoraran cuidadosamente y de dominar la debida forma de hacer doble clic con el hámster (digo, el ratón) me encontré revisando una habitación llena de información, toda esperaba por mí. Había una carta de África, un chiste acerca de predicadores, más o menos una docena de anuncios de reuniones (¡me perdí... qué lástima!). A los pocos minutos estaba al día, informado y, lo reconozco, despejado. Aunque me molesta decirlo, me sentía bien por haber recibido de nuevo los mensajes.

¿En qué se parece esto a lo que deben haber sentido los dos hombres del camino a Emaús? Ellos también se habían perdido cierta información. También estaban confundidos. Sin embargo, se habían perdido más que un memorándum en una reunión de comité. No habían captado el significado de la muerte de Jesús. Lo que debía ser para ellos un día de gozo, era un día de desesperación. ¿Por qué? No sabían entender la voluntad de Dios.

No están solos. Más de uno de nosotros ha pasado horas ante el monitor de la vida preguntándose qué dirección debe tomar. Sabemos que Dios tiene una voluntad para nosotros. «Yo sé los planes que tengo para vosotros, planes para vuestro bienestar y no para vuestro mal, a fin de daros un futuro lleno de esperanza» (Jeremías 29.11).

Dios tiene un plan y el plan es bueno. Nuestra pregunta es: ¿Cómo puedo tener acceso a él? Al parecer otras personas reciben dirección; ¿cómo puedo recibirla yo? Una de las mejores maneras de responder esta pregunta es estudiando la historia de los dos confundidos discípulos del camino a Emaús. No sé de un momento mejor para responder estas preguntas que ahora que entramos en la siguiente habitación de la Gran Casa de Dios y oramos: «Hágase tu voluntad».

EL ESTUDIO

Bajando por el pasillo desde la capilla hay una habitación desprovista de televisores, estéreos y computadoras infestados de correo electrónico. Imagina un estudio con estanterías de libros en las paredes, una mullida alfombra en el piso y un fuego acogedor en la chimenea. Delante del fuego hay dos cómodos sillones, uno para ti y otro para tu Padre. Tu asiento está desocupado, y tu Padre con una seña te pide que te acomodes allí. Ven, siéntate y pregunta lo que tengas en tu corazón. Ninguna pregunta es demasiado simple, ningún enigma demasiado fácil. Él tiene todo el tiempo disponible. Ven, busca la voluntad de Dios.

Orar «hágase tu voluntad» es buscar el corazón de Dios. La palabra *voluntad* significa «deseo imperioso». En el estudio es donde aprendemos lo que Dios desea. ¿Cuál es su corazón? ¿Su pasión? Quiere que tú lo sepas.

¿Esconderá Dios de nosotros lo que va a hacer? Es evidente que no, porque ha recorrido una gran distancia para revelarnos su voluntad. ¿Podría haber hecho más que enviar a su Hijo para que nos orientara? ¿Podría haber hecho más que dar su Palabra para que nos enseñara? ¿Podría haber hecho más que armonizar acontecimientos que nos dieran un despertar? ¿Podría haber hecho más que enviar a su Santo Espíritu para que nos aconsejara? Dios no es un Dios de confusión y dondequiera que ve personas confundidas que le buscan con corazón sincero, puedes apostar cualquier cosa a que Él hará todo lo necesario para ayudarte a ver su voluntad. Eso era lo que estaba haciendo en el camino a Emaús.

Todos los demás estaban a bordo y ellos iban a pie. Veían la muerte de Jesús como la muerte del movimiento, de modo que hicieron sus maletas y se dirigieron de regreso a sus casas. Y a sus casas iban cuando Jesús les apareció. ¡Qué dulce es la aparición de Jesús en el camino! Si una oveja se descarría y pierde los pastizales, nuestro Pastor, que no quiere que vague lejos, viene para llevarla a casa. ¿Cómo lo hace? ¿Cómo nos revela su voluntad? Te sorprenderá lo simple del proceso.

A TRAVÉS DEL PUEBLO DE DIOS

El primer error de estos dos hombres fue desestimar las palabras de sus condiscípulos. Dios revela su voluntad a través de una comunidad de creyentes. En el primer día de resurrección, habló por medio de mujeres que hablaron a los demás. «Sin embargo, algunas de las mujeres que están con nosotros nos han asustado, pues fueron de madrugada al sepulcro y no encontraron el cuerpo; y volvieron a casa contando que unos ángeles se les habían aparecido y les habían dicho que Jesús está vivo» (Lucas 24.22-23).

Su plan no ha cambiado. Jesús todavía habla a los creyentes a través de creyentes. «Y por Cristo el cuerpo entero se ajusta y se liga bien mediante la unión de todas sus partes; y cuando cada parte funciona bien, todo el cuerpo va creciendo y desarrollándose en amor» (Efesios 4.16).

Mientras iba a la oficina en mi auto esta mañana, mi ojo captó una luz del semáforo. Los sensores en el ojo captaron que el color de la luz era rojo. El cerebro buscó en el banco de memoria y comunicó el significado de la luz roja a mi pie derecho. Mi pie derecho respondió y dejando el acelerador, presionó el freno.

¿Y si mi cuerpo no hubiera funcionado en forma correcta? ¿Qué hubiera pasado si el ojo hubiera decidido no ser parte del cuerpo porque la nariz le había herido sus sentimientos? ¿O si el pie, cansado de recibir órdenes, hubiera decidido pisar el acelerador y no el freno? ¿O si el pie derecho, adolorido, pero lleno de orgullo no le hubiera avisado al izquierdo, para que el pie izquierdo supiera que debía intervenir y ayudar? En todos los casos, podría haber ocurrido un accidente.

A cada parte del cuerpo de Cristo, Dios le ha dado una función. Una forma en que Dios te revela su voluntad es mediante la iglesia. Le habla a un miembro de su cuerpo a través de otro miembro. Podría suceder en una clase bíblica, en un grupo pequeño, durante la Cena del Señor o durante el postre. Dios tiene tantos métodos como personas hay.

A propósito, por eso es que Satanás no quiere que estés en la iglesia. Te habrás dado cuenta que, cuando estás en una cumbre espiritual, también emprendes el camino de Emaús. No te dan ganas de estar con los creyentes. Y si estás con ellos, entras y sales del culto a hurtadillas, con la excusa de comidas por preparar o trabajo por hacer. La verdad es que Satanás no quiere que escuches la voluntad de Dios. Y puesto que Dios revela su voluntad a sus hijos a través de otros hijos, el diablo no quiere que estés en la iglesia. Tampoco quiere que leas la Biblia. Y esto nos lleva a otra forma en que Dios revela su voluntad.

A TRAVÉS DE LA PALABRA DE DIOS

Los discípulos desestimaron la Palabra de Dios. Ese fue su segundo error. En vez de consultar las Escrituras, oyeron sus temores. Jesús corrige esto y les aparece para darles un estudio bíblico. Esperaríamos algo más conmovedor de alguien que acaba de vencer la muerte: convertir un árbol en perro o suspender a los discípulos en el aire a un par de metros de altura. Sin embargo, Jesús ve que lo necesario no es otra cosa que volver a poner a los discípulos en contacto con las Escrituras.

—¡Qué faltos de comprensión sois, y cuánto os cuesta creer todo lo que dijeron los profetas! ¿Acaso no tenía que sufrir el Mesías estas cosas antes de ser glorificado?

Luego se puso a explicarles todos los pasajes de las Escrituras que hablaban de Él, comenzando por los libros de Moisés y siguiendo por todos los libros de los profetas. (Lucas 24.25-27)

A través de las palabras de los profetas usó las Escrituras para revelar su voluntad. ¿No hace lo mismo en el día de hoy? Abre la Palabra de Dios y hallarás su voluntad.

Y la voluntad del que me ha enviado es que yo no pierda a ninguno de los que me ha dado, sino que los resucite el día último. (Juan 6.39)

Los que creyeron ¡nacieron de nuevo! Desde luego, no fue este un nacimiento corporal, fruto de pasiones y planes humanos, sino un producto de la voluntad de Dios. (Juan 1.13, *La Biblia al día*)

Así que no es la voluntad de vuestro Padre que está en los cielos que se pierda ni uno de estos pequeños (Mateo 18.14).

Porque la voluntad de mi Padre es que todo aquel que ve al Hijo de Dios y cree en Él, tenga vida eterna; y yo le resucitaré en el día último. (Juan 6.40)

Es su voluntad que el mundo sea salvo. Entonces, al saber esto, mi tarea es ponerme en línea con su voluntad. En cualquier situación en que me encuentre y cuando tenga elegir entre dos caminos, debo preguntar: «¿Cuál será la mejor contribución al Reino de Dios?»

A veces resulta obvio. Por ejemplo, no hay manera alguna en que la pornografía promueva la causa de Dios. Está fuera de toda razón pensar que una malversación de fondos va a impulsar el Reino (aun cuando dé el diezmo de lo que robó). Tendría problemas con la persona que justifica la drogadicción como un método para acercarse al lado místico de Dios.

Otras veces no es tan claro, pero la pregunta todavía sirve. ¿Forzado a elegir entre dos profesiones? ¿Una de ellas te permitirá tener un mayor impacto para el Reino? Te sientes en la disyuntiva de que dos iglesias te quieren en su membresía? ¿Te da una de ellas mayor oportunidad de glorificar a Dios? ¿Te preguntas si esa persona es con la que tienes que casarte? Pregúntate: «¿Me ayudará a dar mayor gloria a Dios?

Su voluntad *general* nos da principios que nos ayudan a comprender su voluntad *específica* para nuestra vida en particular.

A TRAVÉS DEL ANDAR CON DIOS

Ellos le obligaron a quedarse, diciendo: «Quédate con nosotros, porque se hace tarde». Entró, pues, a quedarse con ellos. (Lucas 24.29)

Además, conocemos la voluntad de Dios si dedicamos

tiempo a estar en su presencia. La clave para conocer el corazón de Dios es tener relación con Él. Una relación *personal*. Dios te hablará en forma diferente de lo que le habla a otros. El hecho de que Dios le hablara a Moisés a través de una zarza ardiente no significa que todos debemos sentarnos junto a una zarza a esperar que Dios nos hable. Dios usó un pez para convencer a Jonás. ¿Significa eso que tenemos que tener cultos en el acuario? No. Dios revela su corazón personalmente a cada individuo.

Por esa razón, tu andar con Dios es esencial. Tu corazón no se ve en una visita ocasional ni en una visita semanal. Conocemos su voluntad cuando residimos en su casa todos los días.

Si tomaras al azar un nombre de la Guía Telefónica y me preguntaras: «Max, ¿qué piensa Fulano de Tal en cuanto al adulterio?» No podría responder. No conozco a Fulano de Tal. Pero si me preguntas: «Max, ¿qué piensa Denalyn Lucado acerca del adulterio?» Ni siquiera tendría que llamarla por teléfono. Lo sé. Es mi esposa. Hemos andado juntos el tiempo suficiente para saber lo que ella piensa.

Lo mismo se ajusta a Dios. Camina con Él el tiempo suficiente y conocerás su corazón. Cuando dedicas tiempo para estar con Él en su estudio, puedes ver su pasión. Recíbelo y hazle pasar las puertas de tu alma y comprenderás su voluntad. De paso, ¿te diste cuenta de la curiosa actitud de Jesús en el versículo 28? «Al llegar al pueblo adonde se dirigían, Jesús hizo como si fuera a seguir adelante».

¿No quiere Jesús estar con sus discípulos? No cabe duda. Pero no quiere estar donde no lo han invitado. Siempre un caballero, nuestro Señor espera nuestra invitación. Por favor, nota que después que lo invitaron es que se les permitió reconocer a Jesús (versículo 31).

Hay una forma final en que Dios revela su voluntad.

A TRAVÉS DEL FUEGO DE DIOS

En ese momento se les abrieron los ojos y reconocieron a Jesús; pero Él desapareció. Se dijeron el uno al otro:

—¿No es cierto que el corazón nos ardía en el pecho, mientras nos venía hablando por el camino y nos explicaba las Escrituras? (versículos 31-32)

¿No te encantan estos versículos? Sabían que habían estado con Jesús por el fuego que ardía dentro de ellos. Dios te revela su voluntad poniendo una antorcha encendida en tu alma. Dio a Jeremías fuego para los corazones duros. Dio a Nehemías fuego por una ciudad olvidada. Encendió a Abraham por una tierra que nunca había visto. Puso fuego en Isaías mediante una visión que no pudo resistir. Ciento veinte años de predicación infructífera no extinguieron el fuego de Noé. Cuarenta años de peregrinación por el desierto no sofocaron la pasión de Moisés. Jericó no pudo hacer que Josué aflojara el paso y Goliat no asustó a David. Había fuego en ellos.

¿Y no hay fuego en tu interior también? ¿Quieres conocer la voluntad de Dios para tu vida? Responde entonces la pregunta: ¿Qué es lo que enciende tu corazón? ¿Los niños abandonados? ¿La naciones no alcanzadas con el evangelio? ¿La ciudad? ¿Los barrios marginales?

¡Escuchas el fuego que tienes en tu interior!

¿Sientes pasión por el canto? ¡Pues, canta!

¿Te sientes impulsado a administrar? ¡Administra!

¿Sientes dolor por los enfermos? ¡Trátalos!

¿Sientes pesar por los perdidos? ¡Enséñalos!

Sentí el llamado a predicar en mi juventud. Como no estaba seguro que había interpretado debidamente la voluntad de Dios para mí, pedí consejo a un ministro que admiraba. Su consejo aún resuena y nos comunica la verdad: «No prediques», dijo, «a menos que tengas que hacerlo».

Mientras meditaba en sus palabras hallé la respuesta: «Tengo que hacerlo. Si no, este fuego me consumirá».

¿Cuál es el fuego que te consume?

Anótalo: Jesús viene para encenderte. Él va como una antorcha de corazón en corazón para calentar lo frío, descongelar el hielo y avivar las cenizas. Es al mismo tiempo fuego galileo abrasador y una vela bien recibida. Viene a purificar la infección, a iluminar tu rumbo.

El fuego de tu corazón es la luz para tu sendero. Si la desechas, será a tus expensas. Avívalo para tu deleite. Dale aire. Agítalo. Aliméntalo. Los cínicos dudarán. Los que no te conocen se burlarán. Pero los que te conocen, esos que lo conocen a Él lo comprenderán.

Encontrarse con el Salvador es ser inflamado.

Descubrir la llama es descubrir su voluntad.

Y descubrir su voluntad es tener acceso a un mundo que nunca has visto.

CAPÍTULO 8

EL
HORNO

─┤ *Porque alguien oró* ├─

Como en el cielo, así también en la tierra

ME GUSTARÍA QUE PENSARAS en alguien. Su nombre no importa. Su aspecto no es pertinente. Su género carece de importancia. Su título es irrelevante. Es importante no por su identidad, sino por lo que hizo.

Fue a ver a Jesús para interceder por un amigo. Su amigo estaba enfermo y Jesús podía ayudarlo y alguien necesitaba que alguien fuera a Jesús, así que alguien fue. Otros se preocupaban del enfermo de diversas maneras. Algunos le llevaban comida, otros le hacían tratamientos, otros consolaban a los familiares. Cada papel era importante. Cada persona era útil, pero ninguno fue tan vital como el que fue a Jesús.

Fue porque le pidieron que fuera. De la familia del afectado le llegó un pedido urgente. «Necesitamos que alguien le diga a Jesús que mi hermano está enfermo. Necesitamos que alguien vaya y le diga que venga. ¿Puedes ir tú?»

La pregunta la hicieron dos hermanas. Podrían haber ido ellas mismas, pero no podían salir del lado del lecho de su hermano. Necesitaban que alguien fuera en su lugar. No cualquier persona, hay que reconocerlo, porque cualquiera no podía ir. Algunos estaban demasiado ocupados, otros no conocían el camino. Algunos se cansaban demasiado pronto, otros no tenían experiencia en caminatas largas. No cualquiera podía ir.

Y no cualquiera iría. No era una petición insignificante la de las hermanas. Necesitaban un mensajero diligente, alguien que supiera cómo y dónde encontrar a Jesús. Alguien que no abandonara la empresa a medio camino. Alguien que diera seguridad de que el mensaje se entregaría. Alguien que estuviera tan convencido como ellas de que Jesús *debía* saber lo ocurrido.

Conocían a una persona digna de confianza, y a esa persona acudieron. Le confiaron su necesidad a alguien, y ese alguien llevó sus necesidades a Cristo.

«Entonces sus hermanas enviaron [a alguien] para decir a Jesús: Señor, he aquí el que amas está enfermo» (Juan 11.3, RVA).

Ese alguien llevó su petición. Recorrió todo el camino. Fue a Jesús por amor a Lázaro. Y, porque ese alguien fue, Jesús respondió.

Te preguntaré algo, ¿cuánta importancia tuvo esta persona en la sanidad de Lázaro? ¿Cuán esencial fue su papel? Alguien podría considerarlo secundario. Después de todo, ¿no sabía Jesús todas las cosas? Por cierto, sabía que Lázaro estaba enfermo. Es verdad, pero no respondió a la necesidad hasta que alguien llegó ante él con el mensaje. «Al oírlo, Jesús dijo: Esta enfermedad no es para muerte, sino para la gloria de Dios; para que el Hijo de Dios sea glorificado por ella» (Juan 11.4, RVA).

¿Cuándo sanó Lázaro? Después que *alguien* hizo la petición. Sí, sé que la sanidad no se produjo en los días siguientes, pero el reloj se puso en marcha en cuanto se hizo la petición. Todo lo que se necesitaba era que el tiempo transcurriera.

¿Hubiera respondido Jesús si el mensajero no hubiese hablado? Quizás, pero no tenemos la garantía. Sin embargo, tenemos un ejemplo. El poder de Dios se desencadenó con la oración. Jesús miró hacia lo más hondo de la caverna de la muerte y llamó a Lázaro para que volviera a la vida... todo porque alguien oró.

EL HORNO

En la Gran Casa de Dios hay un horno. El horno tiene que ver con toda la casa, y tus oraciones son el combustible de ese horno. Tu intercesión es el carbón que se echa al fuego. Tus ruegos son lo que enciende la llama. El horno es poderoso, la ventilación está dispuesta; todo lo que se necesita es tu oración.

No dejéis de orar: rogad y pedid a Dios siempre, guiados por el Espíritu. Permaneced alerta, sin desanimaros, y orad por todo el pueblo de Dios (Efesios 6.18).

En la administración celestial, las oraciones de los santos

son un bien apreciado. El apóstol Juan concuerda con esto. Escribió la historia de Lázaro y puso cuidado en la secuencia. La sanidad comenzó cuando se hizo la petición.

Esta no sería la última vez que Juan iba a ofrecer el mismo argumento. Lee las siguientes palabras que Juan escribió un tiempo después. «Y sucedió que un día del Señor quedé bajo el poder del Espíritu, y oí detrás de mí una fuerte voz, como un toque de trompeta» (Apocalipsis 1.10).

BAJO EL ESPÍRITU EN EL DÍA DEL SEÑOR

Hemos avanzado seis décadas hacia el futuro. Ahora Juan es un anciano. Es la figura de cabellos de plata que camina sobre la accidentada costa rocosa. Busca un lugar llano donde poder arrodillarse. Es el día del Señor. Juan ha venido a ver a su Señor.

No sabemos quién fue el primero en llamarlo día del Señor, pero sabemos por qué. Era y es su día. Le pertenece. Dejó su huella en el infierno mismo esa mañana. El juicio del viernes se convierte en trompeta triunfal el domingo. Este es el día del Señor.

Es también el nacimiento espiritual de Juan. Hace varias décadas, el primer día del Señor, Juan se desprendió de su pesar y su sueño ante el anuncio: «¡Se han llevado del sepulcro al Señor, y no sabemos dónde lo han puesto!» (Juan 20.2). Con piernas más jóvenes y fuertes, Juan corrió hacia el sepulcro vacío y hasta la promesa cumplida. Hablando de sí mismo, más tarde hace la confidencia: «Entonces entró también el otro discípulo, el que había llegado primero al sepulcro, y vio lo que había pasado, y creyó» (Juan 20.8).

Después de la resurrección vino la persecución, y el Padre dispersó a los discípulos a través de la sociedad como el viento de primavera disemina los dientes de león. A Juan, el testigo ocular, lo trasladaron a Éfeso. Hay una buena razón para creer que pasó cada día del Señor de la misma manera que el primero: llevando un amigo hacia la tumba vacía de Jesús.

Pero este día no tenía amigo para llevar hasta la tumba. Es un desterrado, separado de sus amigos. Está solo en Patmos. Lo han aislado. Con los trazos de la pluma de un magistrado lo sentenciaron a pasar sus días sin compañía, sin iglesia. Roma había acallado la lengua de Pedro y silenciado la pluma de Pablo. Ahora quería romper el cayado pastoral de Juan. Sin duda se sentía satisfecha de su proscripción. Uno tras otro, el puño de acero de César podría aplastar la frágil obra del Galileo.

¡Si Roma hubiera sabido!... Pero no tenía idea. No tenía ningún indicio. Ningún concepto. Puesto que lo que Roma ordenó como aislamiento el cielo lo ordenó como una revelación. Roma puso a Juan en Patmos como castigo. El cielo puso a Juan en Patmos como un privilegio. El mismo apóstol que vio abierto el sepulcro de Cristo, ahora podía mirar por las puertas abiertas del cielo.

Era el día del Señor. Roma nada podía hacer que pudiera cambiar ese hecho. Era el día del Señor en Roma y en Jerusalén. Era el día del Señor en Egipto y Etiopía y aun en los lugares desiertos de Patmos. Era el día del Señor y Juan estaba, según sus palabras, «bajo el Espíritu» en el día del Señor. Aunque lo alejaron de los hombres, estaba en la presencia misma de Dios. Aunque estaba lejos de los amigos, estaba cara a cara con sus amigos. Estaba orando.

Y mientras oraba, nuevamente se encontró con un ángel. Otra vez vio lo que ningún hombre ha visto. Los mismos ojos que vieron al Señor resucitado, ahora vieron los cielos abiertos. Y durante los segundos, minutos o días siguientes, fue arrebatado en el fragor y pasión de vivir en el fin de los tiempos y en la presencia de Dios.

Y EL CIELO GUARDÓ SILENCIO

Aunque se puede decir mucho acerca de lo que vio, fijémonos en lo que oyó. Antes de hablar de lo que vio, Juan habla de lo que oyó, y lo que oyó era asombroso. «Y sucedió que un día del Señor quedé bajo el poder del Espíritu, y oí detrás de mí una fuerte voz, como un toque de trompeta» (Apocalipsis 1.10). Puedo imaginar una voz y puedo imaginar una trompeta, pero está fuera de mi alcance imaginar una voz de trompeta de plata. De esta manera se nos recibe en el mundo de Apocalipsis, una esfera donde lo que no puede suceder en la tierra siempre sucede en los cielos.

A través de ocho capítulos, leemos acerca de los sonidos de los cielos que Juan podía oír: los sonidos gloriosos, estruendosos, desafiantes, suaves y santos del cielo. El ángel habla. Estalla el trueno. Los seres vivientes cantan: «Santo, santo, santo» y los ancianos adoran: «Tú eres digno, Señor y Dios nuestro, de recibir la gloria, el honor y el poder, porque tú has creado todas las cosas» (4.11). Las almas de los mártires claman: «¿Cuándo juzgarás ... ?» (6.10). La tierra tiembla y las estrellas caen como higos en medio de una tormenta. Ciento cuarenta y cuatro mil personas de toda nación, tribu, pueblo y lengua de la tierra claman a gran voz: «La victoria es de nuestro Dios, que está sentado en el trono, ¡y del Cordero!» (7.10).

El aire está lleno de sonidos: terremotos, trompetas, proclamaciones y declaraciones. Desde la primera voz del ángel hay una actividad constante y sonidos que no terminan hasta que: «Hubo silencio en el cielo durante una media hora» (8.1). Es extraña esta referencia a los minutos. A ninguna otra cosa se le toma el tiempo. No se nos dice la duración de la adoración, ni de los cantos, pero el silencio duró «una media hora». Nos dan ganas de preguntar: «¿Qué quieres decir con media hora?» ¿Controló Juan el tiempo? ¿Por qué media hora? ¿Por qué no quince minutos o una hora? No sé. No sé si lo que dice Juan es simbólico o literal. Pero esto sé: Como una orquesta guarda silencio cuando el director levanta la batuta, los cielos guardaron silencio cuando el Cordero abrió el séptimo sello.

Como los primeros seis sellos revelaban la forma en que Dios actúa, el séptimo revela cómo Dios escucha. Fíjate en lo que ocurre después que se abre el séptimo sello.

Cuando el Cordero rompió el séptimo sello del rollo, hubo silencio en el cielo durante una media hora. Luego vi a los siete ángeles: estaban en pie ante el altar; y se les dieron siete trompetas. Después vino otro ángel, con un incensario de oro, y se puso de pie ante el altar; y se le dio mucho incienso, para ofrecerlo sobre el altar de oro que estaba delante del trono, junto con las oraciones de todos los que pertenecen al pueblo de Dios. El humo del incienso subió de la mano del ángel a la presencia de

Dios, junto con las oraciones de los que pertenecen al pueblo de Dios. Entonces el ángel tomó el incensario, lo llenó con brasas de fuego del altar y lo lanzó sobre la tierra; y hubo truenos, ruidos, relámpagos y un terremoto. (8.1-5)

Cesó toda canción. Todo ser de la ciudad celestial guardó silencio. El sonido se detuvo. Un silencio repentino cayó como una cortina. ¿Por qué? ¿Por qué el Cordero levantó la mano en señal de silencio? ¿Por qué se acalló la voz de las trompetas de plata? Porque alguien estaba orando. El cielo se detuvo, y el cielo se detuvo para escuchar la oración de... alguien. Una madre por su hijo. Un pastor por su iglesia. Un doctor por su enfermo. Un consejero por una persona confundida. Alguien sube hasta el horno con una carga y ora: «Señor, he aquí el que amas está enfermo».

CUANDO JESÚS OYÓ ESTO

Es digna de notar la frase que usó el amigo de Lázaro. Cuando le contó a Jesús acerca de la enfermedad dijo: «Señor, he aquí el que amas está enfermo». No basa su petición en el amor imperfecto de aquel que está en necesidad, sino en el amor perfecto del Salvador. No dice: «*El que te ama* está enfermo». Sino: «El que *amas* está enfermo». El poder de la oración, en otras palabras, no depende del que hace la oración, sino del que oye la oración.

Podemos y debemos repetir la frase de múltiples maneras: «El que amas está cansado, triste, enfermo, hambriento, solitario, temeroso, deprimido». Las palabras de la oración cambian, pero la respuesta nunca cambia. El Salvador oye la oración. Hace que los cielos guarden silencio, para no perder una sola palabra. Él oye la oración. ¿Recuerdas la frase del Evangelio de Juan? «Al oírlo, Jesús dijo: Esta enfermedad no es para muerte, sino para la gloria de Dios; para que el Hijo de Dios sea glorificado por ella» (Juan 11.4, RVA). El Maestro oyó la petición. Jesús dejó de hacer lo que estaba haciendo y prestó atención a lo que el hombre le decía. Dios oyó al correo anónimo.

Tú y yo vivimos en un mundo ruidoso. Atraer la atención de alguien no es tarea fácil. Debe estar dispuesto a dejar todo a un lado para escuchar; apagar la radio, apartarse del monitor, doblar la esquina de la página y cerrar el libro. Cuando alguien está dispuesto a silenciarlo todo para oírnos claramente, es un privilegio. Por cierto, un privilegio un tanto escaso.

Así, el mensaje de Juan es trascendental. Puedes invocar a Dios porque Dios escucha. Tu voz importa en los cielos. Él te toma muy en serio. Cuando entras en su presencia, los que están asistiéndole se vuelven hacia ti para oír tu voz. No tienes que temer que te pasen por alto. Aun cuando tartamudees o andes a tropezones, aun cuando lo que digas no impresione a nadie, impresiona a Dios y Él escucha. Escucha el dolorido ruego del anciano en la casa de reposo. Escucha la ruda confesión del preso condenado a muerte. Dios oye cuando el alcohólico pide misericordia, cuando la esposa pide dirección, cuando el hombre de negocios entra a la capilla desde la calle.

Atentamente. Con mucho cuidado. Acepta las oraciones como joyas preciosas. Purificadas y legitimadas, las palabras se elevan en grata fragancia hacia nuestro Señor. «El humo del incienso subió de la mano del ángel a la presencia de Dios, junto con las oraciones de los que pertenecen al pueblo de Dios». Increíble. Sus palabras no se detienen hasta que llegan al mismísimo trono de Dios.

«Entonces el ángel tomó el incensario, lo llenó con brasas de fuego del altar y lo lanzó sobre la tierra» (Apocalipsis 8.5). Un llamado y aparece la hueste celestial. Tus oraciones en la tierra ponen en acción el poder de Dios en los cielos, y sea hecha la voluntad de Dios «como en el cielo, así también en la tierra».

Eres el alguien del Reino de Dios. Tienes acceso al horno de Dios. Tus oraciones mueven a Dios para cambiar el mundo. Quizás no entiendas el misterio de la oración. No es necesario. Pero esto es mucho más claro: El cielo comienza a ponerse en actividad cuando alguien ora sobre la tierra. ¡Qué pensamiento más asombroso!

Cuando hablas, Jesús oye.

Cuando Jesús oye, el rayo cae.

Cuando el rayo cae, el mundo cambia.

Todo porque alguien oró.

CAPÍTULO 9

LA
COCINA

—| *La mesa abundante de Dios* |—

El pan nuestro de cada día dánoslo hoy...

INVESTIGUÉ UN POCO sobre el arte de la cocina en esta semana. He aquí lo que aprendí: A la gente le gusta hablar de comidas. Si alguna vez necesitas algo que provoque una conversación, ensaya esto: «¿Conoces algunas prácticas curiosas en cuanto a las comidas?» No habrá escasez de historias. La cocina parece ser el lugar donde todos hemos tenido alguna experiencia. En realidad, puedes decir que algunas personas son peso pesado en esta área. Pídele a la gente que te cuente hábitos curiosos acerca de la comida y te van a dar todo un bocado.

Como el tío que le pone jarabe de almíbar a todo lo que come. («¿A todo?», pregunté lo mismo. *A todo*, me aseguraron.)

Como el padre que le pone salsa de carne a su cake y el otro padre que se come primero la base de masa del cake. (Dice que le gusta dejar lo más rico para el final.)

Como el papá (el mío) que desmenuza el pan de maíz sobre la crema de la leche.

Uno recordó un verso:

> Los frijoles los como con miel.
> Toda la vida lo hice así.
> Les da un sabor extraño.
> Pero los conserva en mi cuchillo.[1]

Otro recordó el cuento de ancianas esposas que comían helado con la cuchara al revés para evitar los dolores de cabeza. A más de una persona se le ha enseñado a comer pan después del pescado y a no tomar leche cuando come pescado.

Me resulta sorprendente la cantidad de personas que no mezclan lo que comen. «Primero me como los frijoles. Luego, el maíz. Después la carne». (Dime si estoy equivocado, ¿pero no van a mezclarse de todos modos?) Un tipo llevó esto a un extremo. Mientras algunos separan los alimentos de modo que no se toquen dentro del mismo plato, él pone cada porción en un plato separado.

Un aficionado a la historia me decía que en las cocinas de Estados Unidos colonial había una depresión en el piso donde arrojaban los huesos y cerca del mismo esperaban los perros. Hablando de perros, más de una persona recuerda sus días de la niñez en que a escondidas daba a su mascota la co-

1 Fuente desconocida.

mida que no quería, para luego sonreír inocentemente cuando mamá le celebraba el plato vacío.

Los eructos son bien recibidos en China. En algunas culturas latinoamericanas el plato vacío solo asegura al anfitrión que todavía tienes hambre. La costumbre de cruzar el tenedor y el cuchillo cuando se ha terminado el plato la inició un noble italiano que consideraba la cruz como un gesto de acción de gracias.[2]

Emily Post habría refunfuñado contra algunos de los primeros escritos sobre buenos modales o etiqueta. Uno escrito en la década de 1530 decía: «Si no puedes tragar un trozo de comida, vuélvete discretamente y arrójalo en algún lugar».[3]

Mi cuento favorito sobre comidas en la mesa era el de un hombre que tenía nueve hijos. La regla en su cocina era sencilla. El trozo sobrante de pollo era del papá. Si no lo quería, pasaba a ser del tenedor que lo clavara primero. Una noche mientras los diez pares de ojos miraban el trozo sobrante en el plato, una tormenta eléctrica provocó un apagón. Hubo un alarido de dolor en medio de la oscuridad y, cuando volvió la luz, la mano del papá estaba en el plato del pollo con nueve tenedores clavados en ella.

Todos tienen algo que contar de la cocina porque todos han tenido que ver con la cocina. Sea que el caso tuyo haya sido en una fogata en la selva o en un castillo culinario en Manhattan, supiste a temprana edad que en esta habitación se suplen tus necesidades básicas. El garaje es optativo. La

---

2 Charles Panati, *Panati's Extraordinary Origins of Everyday Things* [Extraordinario origen de cosas comunes], Harper and Row, Publisher, Nueva York, 1987, p. 81.

3 *Ibid.*, p. 86.

sala es negociable. La oficina es un lujo. ¿Y la cocina? Absolutamente esencial. Cada casa tiene una. Aun la Gran Casa de Dios.

REGLAS DE LA COCINA

O quizás debamos decir *especialmente* la Gran Casa de Dios. Porque, ¿quién está más preocupado con nuestras necesidades básicas que nuestro Padre celestial? Dios no es un gurú de la montaña preocupado solamente con lo místico y espiritual. La misma mano que guía el alma da el alimento para su cuerpo. El que te viste de bondad es el mismo que te viste de telas. En la escuela de la vida, Dios es el maestro y el cocinero. Proporciona fuego para el corazón y alimento para el estómago. Tu salvación eterna y la comida vespertina vienen de la misma mano. Hay una cocina en la Gran Casa de Dios; bajemos y disfrutemos su calor.

La mesa es larga. Las sillas son muchas y el alimento abundante. En la pared cuelga una sencilla oración: *El pan nuestro de cada día, dánoslo hoy*. Las palabras, por breves que sean, suscitan algunas preguntas. Por ejemplo, ¿dónde está el «por favor»? ¿Nos atrevemos a entrar en la presencia de Dios y decir «Danos»? Otra pregunta tiene que ver con la escasez en la oración. ¿Solo pan? ¿Hay posibilidades de pedir espaguetis? ¿Y qué de mañana? ¿Por qué pedimos solamente la provisión para hoy y no para el futuro?

Quizás la mejor manera de responder estas preguntas es mirando de nuevo la pared de la cocina. Tras la oración «El pan nuestro de cada día, dánoslo hoy» puedo vislumbrar dos declaraciones. Puedes llamarlas reglas de la cocina.

Has visto reglas como esa antes. «No cantar en la mesa».
«Lavarse antes de comer». «Llevar el plato al lavaplatos».
«Max Lucado recibe doble porción de postre». (¡Esa me encanta!)
   La cocina de Dios tiene un par de reglas también. La primera es una de dependencia:

REGLA #1: NO SEAS TÍMIDO, PIDE

El verbo de la oración «El pan nuestro de cada día, dánoslo
hoy» parece un tanto abrupto. Suena escueto, ¿verdad? Demasiado exigente. ¿No sería apropiado incluir un «Por favor»? ¿Tal vez un «Perdóname, pero me gustaría pedir que
me des...» sería mejor? ¿No soy irreverente si digo sencillamente: «El pan nuestro de cada día, dánoslo hoy»? Bueno,
así sería si fuera aquí donde empieza. Pero no es así. Si has
seguido el modelo de Cristo para la oración, tu preocupación ha sido lo que Él piensa de ti más que tu estómago. Las
primeras tres peticiones son teocéntricas, no egocéntricas.
«Santificado sea tu nombre ... Venga tu reino ... Hágase tu
voluntad».
   Tu primer paso al entrar en la Casa de Dios no lo diste en
la cocina, sino en la sala, donde se te recordó tu adopción.
«*Padre* nuestro que estás en los cielos». Luego estudiaste los
cimientos de la casa, donde reflexionaste acerca de tu permanencia. «Padre nuestro *que estás* en los cielos». En seguida estudiaste el observatorio y quedaste maravillado por la
obra de sus manos». «Padre nuestro que estás *en los cielos*».
En la capilla adoraste su santidad: «Santificado sea tu nombre». En la sala del trono, tocaste el cetro que estaba exten-

dido hacia ti e hiciste la gran oración: «Venga tu reino». En el estudio, sometiste tus deseos a los suyos y oraste: «Hágase tu voluntad». Y todo el cielo guardó silencio cuando pusiste tu oración en el horno, diciendo «como en el cielo así también en la tierra».

La oración bien hecha sigue ese camino, primero revela a Dios antes que revelemos nuestras necesidades a Dios. (Puede volver a leerlo.) El propósito de la oración no es cambiar a Dios, sino cambiarnos a nosotros, y al llegar a la cocina de Dios ya somos personas cambiadas. ¿No ardió nuestro corazón cuando lo llamamos Padre? ¿No se acallaron nuestros temores cuando contemplamos su constancia? ¿No nos maravillamos cuando miramos los cielos?

Su santidad nos mueve a confesar nuestros pecados. Pedir que venga su Reino nos recuerda que debemos dejar de edificar el nuestro. Pedir a Dios que sea hecha su voluntad puso nuestra voluntad en segundo plano. Comprender que el cielo guarda silencio cuando oramos nos deja sin aliento en su presencia.

Llegado el momento de entrar en la cocina, somos personas renovadas. Nuestro Padre nos ha consolado, conformado por su naturaleza, consumidos por nuestro Creador, convictos por su carácter, constreñidos por su poder, comisionados por nuestro Maestro e impulsados por su atención a nuestras oraciones. Las siguientes tres peticiones comprenden todas las preocupaciones de nuestra vida. «El pan nuestro de cada día» se dirige al presente. «Perdónanos nuestros pecados» se dirige al pasado. «No nos metas en tentación» habla al futuro. (¡La maravillosa sabiduría de Dios: cómo puede reducir todas nuestras necesidades a tres sencillas afirmaciones.)

La primera se dirige a nuestra necesidad de pan. La palabra se refiere a todas las necesidades físicas de la persona. Martín Lutero define pan a «todo lo necesario para la preservación de esta vida, incluidos la alimentación, la salud corporal, casa, hogar, esposa e hijos». Este versículo nos anima a conversar con Dios acerca de las necesidades de la vida. Además, podría darnos los lujos de la vida, pero sin duda concederá las necesidades.

Todo temor en el sentido de que Dios no se haga cargo de nuestras necesidades quedó en el observatorio. ¿Podría Él darle a las estrellas su resplandor y no darnos nuestro pan? Claro que no. Él se ha comprometido a cuidar de nosotros. No estamos luchando por tratar de arrancar migajas de una mano egoísta, sino más bien confesamos la prodigalidad de su mano generosa. La esencia de la oración es realmente una afirmación del cuidado del Padre. Proveernos es su prioridad.

Dirige tu atención al Salmo 37.

Confía en el Señor, y haz lo bueno; vive en la tierra, y manténte fiel. Ama al Señor con ternura, y Él cumplirá tus deseos más profundos. (vv. 3-4)

Dios está comprometido a suplir nuestras necesidades. Pablo nos dice que el hombre que no provee para los suyos es peor que un incrédulo (1 Timoteo 5.8). ¿Cuánto más un Dios Santo cuidará de sus hijos? Después de todo, ¿cómo podemos cumplir nuestra misión si no se satisfacen nuestras necesidades? ¿Cómo podemos enseñar, ministrar o influir si no se satisfacen nuestras necesidades básicas? ¿Nos reclutará Dios en su ejército y no proveerá una intendencia? Sin duda que no.

«Y el Dios de paz ... os disponga con toda clase de bienes para cumplir su voluntad» (Hebreos 13.20,21, BJ). ¿Esta oración no ha recibido respuesta en tu vida? Quizás no hayamos tenido un festín, ¿pero no hemos tenido siempre alimento? Quizás no haya habido banquete, pero por lo menos hubo pan. Y muchas veces hubo banquete.

En realidad, muchos de nosotros en Estados Unidos tenemos problemas en relación con la frase «el pan nuestro de cada día, dánoslo hoy» porque nuestras despensas están tan llenas y nuestros vientres tan satisfechos que raras veces pedimos alimento. Pedimos continencia. No decimos: «Señor, dame de comer» Decimos: «Dios, ayúdame para no comer tanto». En las librerías no encontrarás libros sobre cómo sobrevivir y no morirse de hambre, pero hallarás estanterías cargadas de libros con métodos para perder peso. Sin embargo, esto no niega la importancia de esta frase. Al contrario. Para nosotros, bendecidos en nuestro vientre, esta oración tiene un doble significado.

¡Oramos solo para darnos cuenta de que nuestra oración ya ha sido contestada! Es como el que termina la secundaria, decide entrar en la universidad y se entera del costo de los estudios. Corre hasta donde está su padre y le ruega: «Lamento tener que pedirte tanto, papá, pero no tengo a quién recurrir. Quiero ir a la universidad y no tengo un solo centavo». El padre le pone el brazo sobre los hombros y, sonriendo, le dice: «No te preocupes, hijo. El día que naciste comencé a ahorrar para darte una educación. Ya tengo lo suficiente para tus estudios».

El hijo hizo la petición para descubrir que el padre ya se había preocupado de eso. Lo mismo sucede contigo. En algún punto de tu vida ocurre que alguien provee para tus necesidades. Da un paso gigantesco de madurez cuando concuerdes con las palabras de David en 1 Crónicas 29.14 (RVA): «Siendo todo tuyo ... de lo que hemos recibido de tu mano, te damos». Quizás escribas un cheque y revuelvas la sopa, pero para poner la comida en la mesa se necesita más que eso. ¿Qué de la antigua simbiosis de la semilla y el suelo, el sol y la lluvia? ¿Quién creó los animales para alimentación y los minerales para hacer metales? Mucho antes que supieras que necesitabas que alguien te diera provisión para satisfacer tus necesidades, Dios ya lo había hecho.

Así que la primera regla de la cocina es de dependencia. Pide a Dios todo lo que necesitas. Él está comprometido contigo. Dios vive con la tarea que se asignó Él mismo de proveer para los tuyos, y hasta aquí, tienes que reconocerlo, ha hecho un excelente trabajo.

La segunda regla es de confianza.

REGLA #2: CONFÍA EN EL COCINERO

Mi resumen informal de hábitos en cuanto a comidas me hizo recordar la ocasión en que me di un atracón de masa de galletas. Cuando era joven mi madre me dejaba pasarle la lengua a la vasija después de usarla para batir la masa de galletas. Recuerdo que pensé lo formidable que sería comer la pegajosa sustancia. En la universidad mi sueño se hizo realidad.

Cuatro amigos tuvimos un retiro en una finca. Cuando íbamos hacia allá, pasamos por un almacén de comestibles. Como te imaginarás, elegimos cuidadosamente las verduras, la leche dietética, el yogur dietético y nos mantuvimos alejados de las cosas dulces. Además, pasamos por la Casa Blanca y recogimos al Presidente y la Primera Dama para que nos lavaran la ropa. ¿Estás bromeando? Llenamos nuestro canasto con puras fantasías. Y para mí, la fantasía era masa de galletas. Este iba a ser un fin de semana con masa de galletas. Esa noche le quité el plástico a la masa como quien pela una banana y saqué una gran mascada... luego, otra... entonces ooootra... y ooootra mmmás. Entonces... ¡puaj! Era suficiente.

Eso ocurre generalmente cuando hacemos nuestro propio menú. Notarás que es la primera vez que usamos la palabra *menú*. La cocina en la casa de Dios no es un restaurante. No es propiedad de un extraño, la dirige tu Padre. No es un lugar que visitas y te vas; es un lugar para quedarse y charlar. No está abierto a cierta hora ni cerrado a otras; la cocina está siempre disponible. No es un lugar donde comes y tienes que pagar; comes y das las gracias. Pero quizás la diferencia mayor entre una cocina y el restaurante sea el menú. Una cocina no tiene menú.

La cocina de Dios no necesita uno. Tal vez sea diferente en tu casa, pero en la casa de Dios el que provee el alimento es el que prepara las comidas. No entramos con arrogancia a su presencia ni exigimos manjares. Tampoco nos sentamos a la puerta a esperar migajas. Sencillamente ocupamos nuestro lugar a la mesa y alegremente confiamos en que Él nos dará el pan nuestro de cada día.

¡Qué declaración de confianza! Todo lo que tú quieras que tenga es todo lo que necesito. En su libro *Victorious Praying*, Alan Redpath traduce así la frase: «Danos hoy el pan adecuado a nuestra necesidad».[4] Algunos días el plato desborda. Dios nos da más alimento y nosotros perdemos la línea. Una promoción, un privilegio, una amistad, un regalo, una vida de gracia, una eternidad de gozo. Hay ocasiones en que literalmente retrocedemos ante la mesa, maravillados por la bondad de Dios. «Me das delicioso alimento en presencia de mis enemigos. Me has recibido como invitado tuyo. ¡Tus bendiciones se desbordan!» (Salmo 23.5, *La Biblia al día*).

Entonces aparecen esos días cuando, bueno... cuando tenemos que comer ajenjo. El pan nuestro de cada día podrían ser lágrimas, pesares o disciplina. Nuestra porción podría incluir la adversidad al igual que la oportunidad.

Este versículo estaba en mis pensamientos anoche durante el culto familiar. Llamé a mis hijas a la mesa y puse un plato delante de cada una. En el centro de la mesa puse diversos alimentos: frutas, algunas verduras crudas y algunas galletas. «Todos los días», expliqué, «Dios nos prepara un plato de experiencias. ¿Qué tipo de platos disfrutan más?»

La respuesta era fácil. Sara puso tres galletas en su plato. Algunos días son así, ¿verdad? Algunos son «días de tres galletas». Muchos días no. A veces nuestro plato solo tiene ver-

---

4   Alan Redpath, *Victorious Praying* [Oración victoriosa], Revell, Grand Rapids, MI, 1973, p. 74.

duras: veinticuatro horas de apio, zanahorias y calabacines. Es claro que Dios sabe que necesitamos algo de fortaleza, y aunque la porción sea difícil de tragar, ¿no es para nuestro bien? Sin embargo, la mayoría de los días tenemos un poco de todo. Verduras que son sanas pero no agradables. Frutas que tienen mejor sabor y a nosotros nos gusta. Y aun una galleta dulce, que no contribuye tanto a nuestra nutrición, pero añade mucho a nuestra actitud.

Son todas importantes y todas vienen de Dios. «Sabemos que Dios dispone todas las cosas para el bien de quienes le aman» (Romanos 8.28). Como Pablo, debemos aprender «a vivir humildemente, y sé tener abundancia; en todo y por todo estoy enseñado, así para estar saciado como para tener hambre, así para tener abundancia como para padecer necesidad. Todo lo puedo en Cristo que me fortalece» (Filipenses 4.12-13, RV-60).

Quizás el corazón de la oración se encuentre en el libro de Proverbios:

> No me hagas rico ni pobre; dame solo el pan necesario, porque si me sobra, podría renegar de ti y decir que no te conozco; y si me falta, podría robar y ofender así tu divino nombre. (Proverbios 30.8-9)

La próxima vez que tu plato tenga más brécol que pastel de manzanas, recuerda quién preparó la comida. Y la próxima vez que tu plato tenga una porción difícil de tragar, habla con Dios al respecto. Jesús lo hizo. En el huerto de Getsemaní su Padre le pasó una copa de sufrimiento tan amarga, tan repugnante, que Jesús la devolvió al cielo. «Padre mío», oró, «si es posible, líbrame de esta copa de amargura: pero no se haga lo que yo quiero, sino lo que quieras tú» (Mateo 26.39).

Incluso a Jesús se le dio una porción difícil de tragar. Pero con la ayuda de Dios lo hizo. Y con la ayuda de Dios tú también puedes hacerlo.

CAPÍTULO 10

EL
TECHO

─┤ *Bajo la gracia de Dios* ├─

Perdónanos nuestras deudas...

PERDÓNAME que mencione el problema, pero debo hacerlo. Me doy cuenta que el tema es personal, pero ya es hora que se haga público. Tengo que hablarte de que estás sobregirado en el banco. Tu cheque con el sueldo se atrasó. El dueño de la casa se apresuró en cambiar el cheque del alquiler. Ibas a hacer un depósito, pero tu tía llamó de Minnesota de modo que cuando llegaste al banco ya estaba cerrado y no sabías hacer un depósito fuera de hora.

A pesar de la razón, el resultado es el mismo: FALTA DE FONDOS. ¡Cuán alarmante es esta frase! En la gran galería de las frases famosas, «falta de fondos» está colgada en el mismo pasillo que «Impuestos Internos auditará sus libros»,

«Hay que hacer una endodoncia» y «Dejemos de salir y solo seamos amigos». FALTA DE FONDOS. (Para sentir todo el impacto de esta frase, imagínate que oyes las palabras de un hombre con colmillos, capa negra y una voz profunda en un castillo de Transilvania: «No tiene suficientes fondos».)

Estás sobregirado. Pagaste más de lo que podías pagar. Gastaste más de lo que podías gastar. Y adivina, ¿quién tiene que aflojar la plata? El banco no; no escribieron el cheque. Tampoco la tienda; no hicieron la compra. Ni tu tía de Minnesota, a menos que tenga un punto blando en su corazón a favor tuyo. En el gran esquema de las cosas, puedes dar todas las excusas que quieras, pero el cheque que rebota cae sobre el regazo del que lo escribió.

¿Qué haces si no te queda dinero? ¿Qué haces si no tienes nada para depositar sino una excusa honrada y buenas intenciones? Ruegas que algún alma rica haga un gran depósito en tu cuenta. Si hablas de tu deuda financiera, eso probablemente no ocurrirá. Sin embargo, si hablas de tu deuda espiritual, ya ha ocurrido.

Tu Padre ha cubierto tu sobregiro. En la Casa de Dios estás cubierto por el techo de su gracia.

TECHO DE PROTECCIÓN

Raras veces se nota el techo de una casa. ¿Con cuánta frecuencia tus visitantes cruzan la puerta y te dicen: «Tienes uno de los techos más hermosos que he visto»? A través de los años cientos de personas han entrado y salido de nuestra casa, y sinceramente no recuerdo que alguien haya hecho un comentario sobre el techo. Pueden recordarme que debo cortar el césped o barrer la acera, ¿pero un cumplido por el techo? Todavía no.

Esa indiferencia no es culpa del constructor. Él y su equipo trabajaron muchas horas colocando vigas y tejas. Pero, a pesar de su esfuerzo, la mayoría de la gente primero notaría una lámpara barata que el techo.

No cometamos el mismo error. Cuando Dios cubrió su Gran Casa, no reparó en gastos. En realidad, el techo es la parte más costosa del edificio. Le costó la vida de su Hijo. Él nos invita que estudiemos su obra en virtud de tres palabras que están en el centro de la oración: «Perdónanos nuestras deudas».

TENEMOS UNA DEUDA QUE NO PODEMOS PAGAR

Deuda. La palabra griega que se traduce deuda no es ningún misterio. Simplemente significa «tener que pagarle algo a alguien». Si tener una deuda es deberle algo a alguien, ¿no es apropiado que hablemos de deuda en nuestras oraciones porque estamos endeudados con Dios?

¿No estamos en deuda con Dios cuando desobedecemos sus mandamientos? Nos dice que vayamos al sur y vamos hacia el norte. Nos dice que hagamos un viraje a la derecha y lo hacemos a la izquierda. En vez de amar al prójimo lo herimos. En vez de buscar su voluntad, buscamos la nuestra. Se nos dice que perdonemos a nuestros enemigos, pero los atacamos. Desobedecemos a Dios.

¿No estamos en deuda con Dios cuando somos indiferentes? Él hace el universo y nosotros aplaudimos la ciencia. Sana al enfermo y aplaudimos la medicina. Concede la belleza y damos crédito a la madre naturaleza. Nos da posesiones y alabamos la inventiva humana.

¿No nos endeudamos cuando no respetamos a los hijos de Dios? ¿Qué si te hago a ti lo que le hacemos a Dios? ¿Qué si le grito a tu hijo en tu presencia? ¿Y si le pongo apodos y lo golpeo? No lo tolerarías. Pero, ¿no hacemos lo mismo? ¿Cómo se siente Dios cuando maltratamos a uno de sus hijos? ¿Cuando maldecimos su descendencia? ¿Cuando criticamos a un compañero de trabajo, hablamos mal de un pariente o hablamos de alguien antes de hablar a la persona involucrada? ¿No estamos en deuda con Dios cuando maltratamos al prójimo?

«Espera un momento, Max. ¿Quieres decir que cada vez que hago una de estas cosas estoy escribiendo un cheque contra mi cuenta en el banco celestial?»

Eso es exactamente lo que estoy diciendo. También digo que, si Cristo no nos hubiera cubierto con su gracia, cada uno de nosotros estaría sobregirado en su cuenta. En comparación con la excelencia tendríamos fondos insuficientes. Santidad inadecuada. Dios exige un cierto saldo de virtud a nuestro favor, que es superior a lo que cualquiera de nosotros puede tener por sí solo. Nuestra cuenta de santidad muestra falta de fondos y solo el santo verá al Señor; ¿qué podemos hacer?

Podríamos tratar de hacer algunos depósitos. Quizás si saludo a mi vecino, felicito a mi marido o voy a la iglesia el domingo próximo, puedo nivelar la cuenta. Pero, ¿cómo sabes cuando has hecho suficiente? ¿Cuántos viajes al banco necesito hacer? ¿Cuánto crédito necesito? ¿Cuándo puedo descansar?

Ese es el problema. Jamás podrás. Ninguna persona puede hacer obras que la justifiquen delante de Dios (Romanos 4.5). Si estás tratando de justificar tu estado de cuentas, olvídate de que puedas tener paz. Vas a pasar el resto de tus días resoplando por lograr alcanzar la ventanilla antes que el banco cierre. Tratas de justificar una cuenta que no puedes saldar. ¿Puedo recordarte el techo de la gracia que te cubre? «¡Dios es quien los declara libres de culpa!» (8.33).

DIOS PAGÓ UNA DEUDA QUE NO DEBÍA

Dios se dio a la tarea de saldar tu cuenta. Tú no puedes resolver tus propios pecados. «Solo Dios puede perdonar pecados» (Marcos 2.7). Jesús es «el Cordero de Dios que quita el pecado del mundo». No eres tú (Juan 1.29).

¿Cómo Dios enfrentó tu deuda?

¿No la tuvo en cuenta? Podría haberlo hecho. Podría haber quemado los estados de cuenta. Podría haber pasado por alto tus cheques sin fondos. Pero, ¿haría eso un Dios santo? ¿*Podría* un Dios santo hacer eso? No. De otro modo no sería santo. Además, ¿es así como queremos que Dios administre su mundo, pasando por alto nuestros pecados, respaldando por lo tanto nuestra rebelión?

¿Te castigó por tus pecados? También podría haberlo hecho. Podría haber hecho una raya sobre tu nombre en el libro y haberlo borrado de la faz de la tierra. Pero, ¿haría eso un Dios amante? ¿*Podría* un Dios amante hacer eso? Él te ama con amor eterno. Nada te puede separar de su amor.

Por tanto, ¿qué hizo? «En otras palabras, Dios ha dado al mundo la oportunidad de reconciliarse con Él por medio de

Cristo, no tomando en cuenta los pecados del hombre sino borrándolos ... Dios tomó a Cristo, que no tenía pecado, y arrojó sobre Él nuestros pecados. ¡Y luego, para colmo de maravilla, nos declaró justos; nos justificó!» (2 Corintios 5.19-21, *La Biblia al día*).

No dejes de entender lo ocurrido. Él tomó tu estado de cuentas que chorreaba tinta roja y los cheques malos y les puso su nombre encima. Tomó su propio estado de cuentas, con millones de depósitos y sin giros, y puso tu nombre encima. Asumió toda tu deuda. Tú asumiste su fortuna. Y eso no es todo lo que hizo.

También pagó tu castigo. Si te sobregiras en un banco, debes pagar una multa. Si te sobregiras con Dios, también debes pagar un castigo. La multa del banco es una complicación. Pero el castigo de Dios es el infierno, Jesús no solamente saldó tu cuenta, pagó tu castigo. Ocupó tu lugar y pagó el precio de tus pecados. «Cristo nos libró de la maldición de la ley, pues Él fue hecho objeto de maldición por causa nuestra» (Gálatas 3.13).

A Cristo también le tocó sufrir. Aunque jamás había cometido pecado, un día ofrendó su vida por nosotros los pecadores, para llevarnos a Dios. Pero aunque su cuerpo murió, su espíritu siguió viviendo». (1 Pedro 3.18, *La Biblia al día*)

Pero Él fue herido y maltratado por los pecados *nuestros*. Se le castigó para que nosotros tuviéramos paz; lo azotaron ¡y nosotros fuimos sanados! (Isaías 53.5, *La Biblia al día*)

«Así, por medio de una sola ofrenda, hizo perfectos para

siempre a los que han sido consagrados a Dios» (Hebreos 10.14). No es necesario hacer más sacrificios. No es necesario hacer más depósitos. Tan completo fue el pago que Jesús usó una palabra especial para proclamar nuestra salvación. «Consumado es» (Juan 19.30). *Tetelestai* era una expresión bancaria que se usaba para anunciar el pago final, el último pago.

Ahora bien, si la tarea está consumada, ¿hace falta que hagas algo más? Claro que no. Si la cuenta está cancelada, ¿qué más puedes añadir? Aun decir la oración «perdónanos nuestras deudas» no nos gana la gracia. Repetimos las palabras para recordar el perdón que tenemos, no para alcanzar el perdón que necesitamos. En el próximo capítulo hablaremos más al respecto, pero antes de seguir, ¿podemos conversar francamente?

Para algunos estos pensamientos acerca de cheques devueltos y la gracia de Dios no son algo nuevo, pero, ¿no son preciosos? Sinceramente, ¿has recibido alguna vez un regalo comparable con la gracia de Dios? El hallazgo del tesoro de la misericordia hace que el mendigo más pobre se convierta en príncipe. No encontrar este regalo convierte al más rico en un miserable.

También muchos sabían esto. Solo pido que el recordatorio les anime.

Pero para otros, esto es más que buenas nuevas... es una noticia *nueva*. Tú no sabías que había un techo de la gracia. ¡Y cuán grande es este techo! Las tejas son gruesas y las vigas fuertes. Debajo del techo estás a salvo de las tormentas de la culpa y la vergüenza. Debajo de la cubierta de Cristo ningún acusador puede tocarte, ni ningún acto puede condenarte.

¿No es bueno saber que ya no tienes que pasar la tormenta a la intemperie?

«¿Pero es suficiente para mí?», preguntas. Bueno, bastó para uno que negó a Cristo (Pedro). Uno que se burló de Cristo (el ladrón en la cruz). Uno que persiguió a Cristo (Pablo). Sí, es suficiente para ti. Aunque hayas pasado toda una vida escribiendo cheques sin fondos, Dios ha estampado las siguientes palabras en tu estado de cuentas: MI GRACIA ES SUFICIENTE PARA TI.

Imagínate un cheque en blanco. El monto del cheque es «gracia suficiente». Firma el cheque, Jesús. La única línea en blanco es la del beneficiario. Esa parte te corresponde a ti. Quiero exhortarte a que pases unos momentos con tu Salvador y recibas el cheque. Reflexiona en la obra de su gracia. Mira hacia el techo. Sus vigas vienen del Calvario y los clavos una vez sostuvieron al Salvador clavado a una cruz. Su sacrificio fue por ti.

Exprésale tu gratitud por su gracia. Ya sea por primera vez, o por enésima vez, logra que Él te escuche murmurar: «Perdónanos nuestras deudas». Y deja que Él conteste tu oración mientras escribe tu nombre en el cheque.

Es mejor que ahora me aleje y deje que los dos conversen. Esperaré en el corredor de la Gran Casa de Dios.

CAPÍTULO 11

EL
CORREDOR

——| *De gracia recibisteis, dad de gracia* |——

Perdónanos nuestras deudas, como también nosotros
perdonamos a nuestros deudores ... porque si perdonáis
a los hombres sus ofensas, os perdonará también a
vosotros vuestro Padre celestial; mas si no perdonáis
a los hombres sus ofensas, tampoco vuestro
Padre os perdonará vuestras ofensas.

ME GUSTARÍA HABLARTE de cazadores de recompensas, de nitroglicerina al cuello, de uno de los grandes principios de la Biblia y de sándwich de quimbombó y anchoas. Pero antes de hacerlo, comencemos con un pensamiento acerca de asesinos a sueldo.

Vivir en la mira de un asesino a sueldo no da gusto. Yo debiera saberlo. Durante tres meses me anduvo siguiendo uno. No era un miembro de la mafia, ni era miembro de una banda. No llevaba un arma con mirilla telescópica; sus armas eran más mortales aún. Tenía un número telefónico y una comisión: seguirme y hacerme pagar.

¿Su tarea? Cobrar deudas vencidas para una empresa de tarjetas de crédito.

Espero que me creas cuando digo que había pagado la cuenta. Pero él sin dudas no me creyó. Sabía que había pagado la cuenta; tenía el cheque cancelado para probarlo. El único problema era que el cheque estaba en un barco con todas nuestras pertenencias en algún lugar entre Miami y Río de Janeiro. Acabábamos de mudarnos a Brasil y nuestras posesiones iban en viaje. No tendría acceso a mi estado de cuentas bancario por tres meses. Él no estaba dispuesto a esperar tanto.

Amenazó con destruir mi crédito, con demandar a la agencia de viajes y llamar a la policía; llegó a decir que se lo contaría a mi madre (¡grandísimo chismoso!). Después de unas cuantas semanas de llamadas de cobro revertido, de repente dejó de molestarme. No hubo explicación. Todo lo que puedo hacer es calcular que buscó el error al norte del ecuador en lugar de hacerlo hacia el sur, y me dejó solo. También me dejó asombrado. Recuerdo haberle preguntado a Denalyn: «¿Qué clase de persona puede disfrutar de ese trabajo? Su profesión es fastidiar».

Para él un buen día significa un mal día para cada persona con la que se contacta. No me interpreten mal. Entiendo que ese tipo de ocupación es necesaria. Me pregunto: ¿Qué clase de persona puede desear un trabajo como ese? ¿Quién quiere ser un misionero de la miseria? Los cobradores pasan el día dedicados a hacer que la gente se sienta mal. Nadie quiere recibir sus llamadas. Nadie se siente feliz cuando los ve en la puerta. Nadie quiere leer sus cartas. ¿Puedes imaginarte lo que le dice la esposa cuando sale a trabajar? «Ve allá y exprímelos, mi amor». ¿Los motivan sus jefes con el premio «Vampiro»? ¿Quién es su héroe? ¿Godzila? ¡Qué trabajo! El sueldo que reciben está en el cheque con tu salario, y ellos están allí para recibirlo. ¿Puedes imaginarte haciendo eso todos los días?

Quizás puedas. Quizás todos podamos. Aun los mejores entre nosotros dedicamos tiempo a cobrar. ¿No hay alguien que te deba algo? ¿Una excusa? ¿Una segunda oportunidad? ¿Un nuevo comienzo? ¿Una explicación? ¿Una palabra de gratitud? ¿Una niñez? ¿Un matrimonio? Deténte, piensa en esto (no te recomiendo que lo hagas por largo rato) y haz una lista de un grupo de personas que están en deuda contigo. Tus padres debieron protegerte más. Tus hijos debieran ser más agradecidos. Tu marido debiera ser más sensible. Tu pastor debiera ser más atento.

¿Qué vas a hacer con los que te deben? Hay gente en el pasado que metió las manos en tu cartera y sacó lo que era tuyo. ¿Qué vas a hacer? Pocas preguntas son más importantes. Ocuparse de las deudas está en el corazón de tu felicidad. Está también en el corazón del Padrenuestro.

Después de recordarnos la gracia recibida, Jesús ahora habla de la gracia que debiéramos dar.

Perdónanos nuestras deudas, como también nosotros hemos perdonado a nuestros deudores ... Porque si perdonan a los hombres sus ofensas, también los perdonará a ustedes su Padre celestial. Pero si no perdonan a los hombres sus ofensas, tampoco su Padre les perdonará a ustedes sus pecados. (Mateo 6.12,14-15, NVI)

Por el centro de la Gran Casa de Dios pasa un gran corredor. No puedes pasar de una habitación a otra sin usarlo. ¿Quieres salir de la cocina y pasar al estudio? Usa el corredor. ¿Quieres usar la escalera para ir a la capilla? Usa el corredor. No puedes ir a otro lugar sin pasar por el corredor. Y no puedes caminar por el corredor sin tropezar con la gente.

Jesús no pregunta acerca de la realidad de tus heridas. No duda que te hayan ofendido. El problema no está en la existencia del dolor, sino en el tratamiento del dolor. ¿Qué vas a hacer con tus deudas?

Dale Carnegie cuenta de una visita al parque Yellowstone donde vio un oso pardo. El inmenso animal estaba en un claro comiendo algo que los campistas habían dejado. Durante varios minutos disfrutó solo su festín; ninguna criatura se atrevió a acercarse. Después de unos momentos un zorrillo caminó por el prado hacia la comida y se puso junto al oso pardo. El oso no opuso objeción alguna, y Carnegie sabía por qué. Dijo: «El oso pardo sabía el elevado costo de ajustar cuentas».[1]

Debiéramos ser sabios y aprender lo mismo. Ajustar las cuentas pendientes se hace a gran costo.

EL ALTO COSTO DE AJUSTAR CUENTAS

Por una parte, pagas un precio en cuanto a relaciones.

¿Te has dado cuenta en las películas del oeste que el cazador de recompensas viaja solo? No es difícil entender el porqué. ¿Quién quiere andar por ahí con un individuo que

---

1 John MacArthur, «The Pardon Prayer», casete, ©1980, John MacArthur, Word of Grace, Panorama City, CA.

ajusta cuentas como medio de ganarse la vida? ¿Quién quiere arriesgarse poniéndose a su lado malo? En más de una oportunidad he visto a una persona que estalla en ira. Creía que lo estaba escuchando, cuando en realidad pensaba: *Espero no estar jamás en su lista.* Tipos cascarrabias, esos cazadores de recompensas. Es mejor dejarlos solos. Reúnete con el iracundo y puedes recibir una bala extraviada. El ajuste de cuentas es una ocupación solitaria. También es una ocupación poco conveniente.

Paga un elevado precio físicamente hablando.

La Biblia lo expresa mejor: «Al necio lo mata la ira» (Job 5.2, RV-60). Me recuerda una antigua rutina de Amós y Andy. Amós pregunta a Andy sobre una botellita que lleva colgada al cuello. «Es nitroglicerina», respondió. Amós está atónito de que Andy use un collar con nitroglicerina y le pide una explicación. Andy le cuenta de un individuo que tiene el mal hábito de golpearle el pecho a las personas mientras conversa. «Me hace perder los estribos», dice Andy. «Uso nitroglicerina para que la próxima vez que me golpee el pecho se vuele el dedo».

Andy no es el primero que olvida que cuando uno trata de ajustar cuentas, sale herido. Job tenía razón cuando dice: «¿Crees tú que por desgarrarte rabiosamente va a quedar desierta la tierra?» (Job 18.4). ¿Has notado alguna vez que describimos a las personas que nos molestan como un «dolor de cabeza»? ¿A qué cabeza nos referimos? Sin duda que no a la de ellos. Nosotros somos los que sufrimos.

Hace algún tiempo hablé en una reunión de hombres acerca de la ira. Describí el resentimiento como una prisión y señalé que cuando ponemos a alguien en la cárcel del odio, nos quedamos atascados allí al cuidado de la puerta. Después del mensaje se me acercó un hombre y se presentó como ex presidiario. Describió cómo el guardia en la puerta de la prisión está más confinado que el prisionero. El guardia pasa el día en una habitación de aproximadamente uno por un metro y medio. El preso tiene una celda de tres por cuatro metros. El guardia no puede salir, el preso sale a caminar. El prisionero puede descansar, el guardia tiene que estar constantemente alerta. Tú puedes objetar lo siguiente: «Sí, pero el guardia de la prisión va a casa por la noche». Es cierto, pero no el guardia de la prisión del resentimiento.

Si te dedicas a ajustar cuentas, nunca podrás descansar. ¿Cómo podrías? Por una parte, tu enemigo podría no pagar jamás. Por mucho que pienses que merece una disculpa, tu deudor podría no estar de acuerdo. El racista podría no arrepentirse jamás. El chauvinista podría no cambiar. Tan justificado como te sientas en su búsqueda de la venganza, quizás no obtengas jamás un céntimo de justicia. Y si la obtienes, ¿será suficiente?

Pensemos en esto. ¿Cuánta justicia es suficiente? Imagina a tu enemigo por un momento. Míralo atado al poste para ser azotado. El verdugo armado con un látigo se vuelve hacia ti y pregunta: «¿Cuántos latigazos?» Y le dices la cantidad. El azote resuena, salta la sangre y el castigo se le infligió. Tu enemigo cae en tierra y te alejas.

¿Estás feliz ahora? ¿Te sientes mejor? ¿Estás en paz? Quizás por un momento, pero pronto vendrán otra vez los recuerdos y necesitarás un nuevo flagelo y... ¿cuándo parará?

Parará cuando tomes en serio las palabras de Jesús. Vamos a leerla de nuevo: «Perdónanos nuestras deudas, como también nosotros hemos perdonado a nuestros deudores ... Porque si perdonan a los hombres sus ofensas, también los perdonará a ustedes su Padre celestial. Pero si no perdonan a los hombres sus ofensas, tampoco su Padre les perdonará a ustedes sus pecados».

A través de este versículo aprendemos el mayor costo de ajustar cuentas. Sugerí que pagas un elevado costo relacional y físicamente, pero Jesús tiene una razón mucho más importante para que perdones. Si no lo haces, pagas un costo espiritual elevadísimo.

Antes de conversar sobre el significado de estos versículos, sería sabio señalar lo que no quieren decir. El texto no indica que ganamos la gracia de Dios otorgando gracia. A primera vista, parece que la frase presenta una especie de trato triangular. «Si yo perdono a mi enemigo, Dios me perdonará a mí». Una lectura superficial sugiere que ganamos nuestro perdón ofreciendo perdón a otros. La misericordia es un mérito que me salva. Esa interpretación es imposible porque entra en conflicto con el resto de la Escritura. Si podemos obtener el perdón perdonando a otros (o mediante cualquier otra buena obra), ¿para qué necesitamos un Salvador? Si podemos pagar nuestros pecados a través de nuestra misericordia, ¿por qué Jesús murió por nuestros pecados? Si la salvación es el resultado de nuestro esfuerzo, ¿por qué Pablo insiste: «Pues por la bondad de Dios habéis recibido la salvación por medio de la fe» (Efesios 2.8)?

La salvación es un don gratuito.

La pregunta del capítulo anterior, surge otra vez. Si ya nos han perdonado, ¿por qué Jesús nos enseña a orar: «Perdónanos nuestras deudas»?

La misma razón por la que quisieras que tus hijos hagan lo mismo. Si mis hijos violan uno de mis mandatos o desobedecen una regla, no los rechazo. No los expulso de la casa ni les digo que se cambien de apellido. Sin embargo, espero que sean sinceros y se disculpen. Y mientras no lo hagan, la ternura de nuestra relación sufrirá. No se alterará la naturaleza de la relación, pero sí la intimidad.

Lo mismo ocurre en nuestro andar con Dios. La confesión no crea una relación con Dios. Sencillamente la fortalece. Si eres creyente, el reconocimiento del pecado no altera tu posición delante de Dios, pero realza tu paz con Dios. Cuando confiesas, estás de acuerdo; dejas de discutir con Dios y te pones de acuerdo con Él acerca de tu pecado. El pecado inconfesado lleva a un estado de desacuerdo. Puedes ser hijo de Dios, pero no le quieres hablar. Él aún te ama, pero mientras no reconozcas lo que has hecho, va a haber tensión en la casa.

De la misma manera que el pecado no confesado impide el gozo, el pecado confesado lo libera. Cuando reconocemos el pecado, somos como un alumno de primer grado que está delante del profesor con un papel todo emborronado. «Me salí de las líneas muchas veces. ¿Puedo hacerlo de nuevo en una hoja limpia?» «Claro», dice el profesor. Feliz el alumno de primer grado que recibe una segunda oportunidad, o como lo dice David: «Feliz el hombre a quien sus culpas y pecados le han sido perdonados por completo» (Salmo 32.1). Entonces corre a su asiento para comenzar otra vez.

¿Se dará el caso cuando el maestro te deje dibujar sobre el papel sucio? Podría ser. Pienso en un ejemplo de cuando la maestra podría negarle una segunda oportunidad. Imagínate que ella sabe que no tratas bien a tu compañero de asiento. Pocos minutos más tarde ve que te pide una hoja, pero se la niegas. Aunque tenías muchas y le podías dar, cerraste tu carpeta y no quisiste darle. Y ahora, ¿le pides lo mismo a ella?

¿Quién podría culparla si dijera: «Te voy a tratar con la misma bondad que usaste con tu compañero. Te trataré de la misma manera que trataste a Enrique. Todavía eres mi alumno y todavía soy tu profesora. No te voy a expulsar de la clase, pero te voy a dar la oportunidad de aprender una lección». Ahora podemos ver la esencia del versículo, porque esto es exactamente lo que significa la frase «perdónanos nuestras deudas como nosotros perdonamos a nuestros deudores».

UNO DE LOS PRINCIPIOS MÁS GRANDES DE LA BIBLIA

«Trátame como trato a mi prójimo». ¿Tienes conciencia de que esto es lo que le estás diciendo a tu Padre? Dame lo que les doy. Concédeme la misma paz que concedo a otros. Déjame disfrutar la misma tolerancia que les doy. Dios te tratará de la misma manera que tratas a otros.

En toda comunidad cristiana hay dos grupos: los que son contagiosos en su gozo y los amargados en la fe. Aceptaste a Cristo y le buscas, pero tu globo no tiene helio. Uno es agradecido, el otro es gruñón. Ambos son salvos. Los dos van al cielo. Pero uno mira el arco iris y el otro ve la lluvia.

¿Podría este principio explicar la diferencia? ¿Podría ser que están experimentando el mismo gozo que han otorgado a sus ofensores? Uno dice: «Te perdono» y se siente perdonado. El otro dice: «Estoy criticando» y vive criticando al mundo.

En otro lugar Jesús dijo:

No juzguéis a nadie, y Dios no os juzgará a vosotros. No condenéis a nadie, y Dios no os condenará. *Perdonad, y Dios os perdonará. Dad a otros, y Dios os dará a vosotros.* Llenará vuestra bolsa con una medida buena, apretada, sacudida y repleta. Dios os medirá con la misma medida con que vosotros midáis a los demás. (Lucas 6.37-38, énfasis mío)

Es como si Dios te mandara al supermercado para comprar mercaderías para tu vecino y te dice: «Todo lo que tomes para tu vecino lleva también para ti. Porque todo lo que le des eso recibirás».

El sistema es muy simple. No soy muy inteligente, pero puedo entenderlo. Como a mí me gustan las hamburguesas gruesas y jugosas, compro para mi vecino una hamburguesa gruesa y jugosa. Me encantan los helados de chocolate dobles, así que le compro a mi vecino un helado de chocolate doble. Y cuando tomo leche, no quiero esa leche descremada que Denalyn me obliga tomar. Quiero leche decente, como Dios la creó. Entonces, ¿qué compro para mi vecino? Leche decente como Dios la creó.

Avancemos un paso. Supongamos que la basura de tu vecino se disemina por tu patio. Le avisas lo ocurrido, y él dice que la recogerá en algún momento dentro de la próxima semana. Le informas que vendrán visitas, ¿no podría él salir de esa silla y trabajar un poco? Él te dice que no seas quisquilloso, que la basura va a fertilizar tu jardín. Estás a punto de cruzar el patio para tener una charla con él cuando Dios te recuerda: «Es tiempo de ir al supermercado a comprar las mercaderías de tu vecino». De modo que vas a regañadientes hacia el supermercado y entonces se te ocurre: «Voy a ajustar cuentas con ese viejo ocioso». Y te vas derechito a la leche descremada, y derechito a las anchoas y sardinas. Pasas de largo por los helados de chocolate dobles y te diriges al quimbombó y al arroz. Te detienes finalmente en la sección de pan viejo y tomas una barra de pan que tiene puntos verdes en la orilla.

Riendo entre dientes, regresas a casa y pones la bolsa en el regazo de ese vecino remolón, bueno para nada. «Que tengas una buena cena». Y te vas.

Todo ese brillante plan te ha dejado con hambre, así que vas al refrigerador a preparar un sándwich, pero adivina qué encuentras. Tu despensa está llena de lo que le diste a tu enemigo. Todo lo que tienes para comer es exactamente lo que acabas de comprar. Recibimos lo que damos.

Algunos de ustedes han estado comiendo sardinas por largo tiempo. La dieta no va a cambiar mientras no cambien. Miras a los demás cristianos. No están tan amargados como tú. Disfrutan los manjares de Dios y tú estás atascado en el quimbombó, la anchoa y el pan mohoso. Constantemente te has preguntado por qué siempre están tan contentos y tú tan amargado. Quizás ahora lo sepas. ¿Sería que Dios te está dando exactamente lo que le estás dando a alguien?

¿Te gustaría cambiar el menú? Antes hice referencia a una conferencia de hombres donde hablé sobre la ira. Un par de semanas después volví a casa y recibí esta carta de un hombre llamado Harold Staub.

Max:
Gracias por hablar del perdón en Cumplidores de Promesa en Syracuse, Nueva York, el 7 y 8 de junio. Estaba allí. Quiero que sepa que cuando volví a casa, conversé con mi esposa diversos temas en relación al perdón: las mejores dos semanas de mi vida. Ella partió a estar con el Señor el 24 de junio, totalmente perdonada. ¡Qué maravilloso es el amor de Dios! Muchísimas gracias.[2]

Cuando llamamos a Harold a fin de pedirle permiso para publicar su carta, nos contó los conmovedores detalles de los últimos días con su esposa. Él no sabía que ella estaba en el umbral de la muerte, tampoco ella. Sin embargo, él sabía de algunos problemas no resueltos entre ellos. Al llegar a casa, la buscó, se puso de rodillas delante de ella y le pidió perdón por todo lo que le había hecho. El gesto abrió una compuerta de emociones y conversaron hasta bien avanzada la noche. El esfuerzo inicial de reconciliación se extendió por dos semanas. El matrimonio conoció una profundidad hasta entonces desconocida. Cuando la esposa falleció repentinamente por una embolia, Harold se sintió abrumado, pero estaba preparado y ahora tiene paz.

¿Y tú? ¿Te gustaría tener paz? Entonces deja de darle problemas a tu vecino. ¿Quieres disfrutar de la generosidad de Dios? Deja que los demás gocen de la tuya. ¿Quieres tener la seguridad de que Dios te perdona? Creo que sabes lo que tienes que hacer.

Entonces, ¿qué vas a comer? ¿Helado de chocolate o quimbombó? De ti depende.

2 Gracias a Harold C. Staub por el permiso para usar su carta.

CAPÍTULO 12

LA
HABITACIÓN FAMILIAR

—| *Aprender a vivir juntos* |—

Nuestro...

SOMOS MUY PARECIDOS a Ruth y Verena Cady. Desde que nacieron en 1984 han tenido muchas cosas en común. Como cualquier pareja de mellizos, han compartido una bicicleta, una cama, una habitación y juguetes. Han tenido en común las comidas los cuentos, los programas de TV y los cumpleaños. Compartieron la misma matriz antes de nacer y el mismo dormitorio después de nacer. Pero el vínculo entre Ruth y Verena va más allá. Comparten más que juguetes y gustos; comparten el mismo corazón. Sus cuerpos están unidos desde el esternón hasta la cintura. Aunque tienen sistemas nerviosos separados y personalidades distintas, se sostienen por el mismo corazón de tres cámaras. Ninguna podría sobrevivir sin la otra. Puesto que la separación no es una opción, la cooperación se convierte en una obligación.

Han aprendido a trabajar juntas. Por ejemplo, tomemos el caminar. La madre suponía que por turnos una caminaría hacia adelante y la otra hacia atrás. Le parecía en orden que se alternaran; una de cara al frente y la otra hacia atrás. Las niñas tuvieron una mejor idea. Aprendieron a caminar de costado, casi como si bailaran. Y bailan en la misma dirección.

Han aprendido a compensar cada una las debilidades de la otra. A Verena le encanta comer, pero a Ruth le parece que sentarse a la mesa es demasiado aburrido. Ruth puede comer media taza de fruta en todo el día. No hay problema. Su hermana puede comer suficiente para las dos. No es raro que Verena coma tres platos de cereal, dos yogures y dos tostadas al desayunar. Ruth tiende a inquietarse mientras su hermana come y se sabe que arrojó un plato de helado a través de la pieza. Esto podría hacer que la disciplinaran, pero también tiene consecuencias sobre su hermana.[1]

Cuando una tiene que irse a sentar en un rincón, también tiene que hacerlo la otra. La parte inocente no se queja; ambas aprendieron desde muy temprana edad que están unidas en las buenas y en las malas. Esta es exactamente una de las muchas lecciones que estas niñas nos pueden enseñar a los que vivimos en la Gran Casa de Dios.

¿No compartimos la misma cocina? ¿No estamos cubier-

---

1 K. Hubbard, «A Gift of Grace: The Death of Conjoined Twins Ruth and Verena Cady» [La muerte de las siamesas Ruth y Verena Cady], *People Weekly*, 5 de noviembre de 1993, Vol. 36, pp. 42-44.

tos por el mismo techo y protegidos por las mismas paredes? No dormimos en la misma cama, pero dormimos bajo el mismo cielo. No compartimos un corazón... pero, quizás sí; porque, ¿no compartimos la misma esperanza por la eternidad, los mismos dolores cuando nos rechazan y las mismas ansias por ser amados? Como las siamesas Cady, ¿no tenemos un mismo Padre?

No oramos a *mi* Padre, ni pedimos por *mi* pan de cada día, ni que Dios perdones *mis* pecados. En la casa de Dios hablamos un lenguaje de pluralidad: «Padre *nuestro*», «el pan *nuestro* de cada día», «*nuestras* deudas», «*nuestros* deudores», «no *nos* metas en tentación» y «líbra*nos*».

La abundancia de pronombres en primera persona del plural nos lleva a una de las habitaciones más coloridas de la casa: la sala familiar.

LA SALA FAMILIAR

Si le gustaría tener un recordatorio de la creatividad de nuestro Padre, aquí lo encontrará. A Dios lo llamamos «Padre» y a Cristo «Salvador», pero más allá de eso, las cosas son muy diversas. Caminemos por la sala y veamos lo que quiero decir.

Haz una jugada en la mesa de billar con los motociclistas.

Aprende una frase en swahili de los tribeños.

Escucha a los teólogos que conversan sobre dispensacionalismo.

Alaba a Dios con una gaita, luego cruza la sala y trata de hacer lo mismo con un acordeón.

Pregunta a la misionera si alguna vez se ha sentido sola, y al traductor de la Biblia si alguna vez se ha sentido confundido.

Escucha el testimonio del homicida y la música del juglar.

Y si te estás preguntando cómo llegaron aquí esas personas de otras denominaciones, pregúntaselos. (Ellos quizás deseen hacerte la misma pregunta.)

Ah, la diversidad de la familia de Dios.

Tenemos piel aceitunada, pelo crespo, ojos azules y negros.
Venimos de escuelas con internado, de guetos, mansiones y chozas.
Usamos turbantes y usamos túnicas. Nos gustan los tamales. Comemos arroz.
Tenemos convicciones y opiniones, y estar de acuerdo sería hermoso, pero no podemos, aun tratamos y esto sabemos:

Es mejor estar adentro unos con otros que afuera y solo.

¡Qué familia! ¿No te parece? Desde la perspectiva de Dios tenemos mucho en común. Jesús hace una lista de estos denominadores comunes en su oración. Son fáciles de encontrar. Cada vez que vemos las palabras *nuestro*, *nos*, o *nosotros* encontramos una necesidad.

SOMOS HIJOS QUE NECESITAMOS UN PADRE

Mientras escribía este libro, mi hija Jenna y yo pasamos varios días en la antigua ciudad de Jerusalén. (Prometí llevar a cada una de mis hijas a Jerusalén al cumplir los doce años. Tomé la idea de José.) Una tarde, al salir por la puerta de Gaza, nos encontramos detrás de una familia judía ortodoxa, el padre con sus tres hijas pequeñas. Una de las hijas, de cuatro o cinco años de edad, se atrasó unos cuantos pasos y no podía ver a su padre. «*¡Abba!*», lo llamó. Él se detuvo y miró. Solo entonces se dio cuenta que estaba separado de su hija. «*Abba*», volvió a llamar. Él la localizó e inmediatamente le tendió la mano. Ella le tomó la mano y yo tomé nota mentalmente mientras ellos siguieron su camino. Quería ver las acciones de un *abba*.

Él la tenía firmemente tomada de la mano mientras descendían por la rampa. Cuando se detuvieron en una calle de mucho movimiento, ella se bajó de la acera, entonces él la hizo retroceder. Cuando cambió la señal del tránsito, les permitió a ella y a sus hermanas cruzar la intersección. En medio de la calle, se agachó, levantó la niña en brazos y siguieron su camino.

¿No es eso lo que todos necesitamos? ¿Un *abba* que nos oiga cuando lo llamamos? ¿Quién nos llevará de la mano cuando nos sintamos débiles? ¿Quién nos guiará por las turbulentas encrucijadas de la vida? ¿No necesitamos todos un *abba* que nos tome en brazos y nos lleve a casa? Todos necesitamos un padre.

SOMOS MENDIGOS QUE NECESITAMOS PAN

No solo somos hijos que necesitan un padre, somos mendigos que necesitan pan. «El pan nuestro de cada día dánoslo hoy», oramos.

Quizás no te guste que use la palabra *mendigo*. Tal vez prefieras la palabra *hambriento*. «Todos estamos hambrientos y necesitamos pan». Una frase semejante es más digna que la palabra mendigo. ¿Quién quiere que lo llamen mendigo? ¿No has ganado el dinero para comprar el pan que está puesto a tu mesa? ¿Quién eres para pedir algo? En realidad, aun la palabra hambriento la encuentras ofensiva. Estar hambriento es reconocer una necesidad básica, algo que como personas sofisticadas somos renuentes a hacer. Déjame pensar, debe haber una frase mejor. ¿Qué te parece esta? No somos mendigos ni estamos hambrientos; simplemente estamos «abdominalmente desafiados». ¡Esa está mejor! «Abdominalmente desafiados, necesitamos pan». Con esa palabra mantienes un sentimiento de independencia.

Después de todo eres el verdadero responsable del alimento que consumes, ¿verdad? ¿No creaste la tierra donde se siembra la semilla? ¿No? Bueno, ¿hiciste al menos la semilla? ¿No? ¿Y el sol? ¿Ofreciste el calor durante el día? ¿O la lluvia? ¿Enviaste las nubes? ¿No? Entonces, ¿qué es exactamente lo que hiciste? Cosechaste el alimento que no hiciste de una tierra que no creaste.

Déjame ver si entiendo bien. Si Dios no hubiera hecho su parte, no tendrías alimento sobre tu mesa. ¡Hum! Mejor regresamos a la palabra *mendigo*. Todos somos mendigos en necesidad de pan.

SOMOS PECADORES QUE NECESITAMOS GRACIA

Tenemos otra necesidad en común: Somos pecadores necesitados de la gracia, luchadores que necesitamos fuerzas. Jesús nos enseñó a orar: «Perdónanos nuestras deudas ... Y no nos metas en tentación».

Todos hemos cometido errores y todos hacemos algo más. La línea que separa al mejor de nosotros del peor es muy delgada, por eso debemos tomar muy en serio la amonestación de Pablo:

> ¿Por qué, entonces, criticas a tu hermano? ¿O por qué le desprecias? Todos tendremos que presentarnos delante de Dios, para que Él nos juzgue. Porque la Escritura dice: «Juro por mi vida, dice el Señor, que ante mí todos doblarán la rodilla y todos alabarán a Dios». (Romanos 14.10-11)

A tu hermana le gustaría que te recordara que ella necesita gracia. Así como tú necesitas perdón, ella también. En toda relación llega un tiempo cuando es dañino buscar justicia, cuando ajustar cuentas solo es avivar el fuego. Llega el momento cuando lo mejor que puedes hacer es aceptar a tu hermano y ofrecerle la misma gracia que recibiste.

Eso fue lo que hizo Jenna.

Hace un rato mencioné nuestro reciente viaje a Israel. Terminaré refiriéndome a él una vez más. Ella y yo nos embarcamos a la una de la mañana en un vuelo que nos llevaría de Tel Aviv a Estados Unidos. Viajar siempre es agitado, pero esa noche era especialmente mala. El avión estaba repleto y retrasaron el vuelo por rígidas medidas de seguridad del aeropuerto. Mientras nos embarcábamos, me di cuenta

157

que nuestros asientos no estaban juntos. Nos separaba el pasillo. Como no había tiempo para pedir ayuda en la recepción, decidí convencer al individuo que estaba al lado de Jenna que cambiáramos de lugar. *Sin duda va a comprender*, pensé. NO entendió. Ya estaba acomodado para el vuelo de diez horas y no tenía ganas de moverse.

—Por favor —le rogué—, deje que me siente al lado de mi hija.

—No me cambio.

—Vamos, señor. Cambiemos de asientos.

Se enderezó y miró mi asiento y luego retomó su posición.

—No gracias —dijo declinando la invitación.

Gruñido. Me senté y Jenna se sentó al lado del bribón desconsiderado y sin corazón. Cuando el avión se preparaba para despegar, me dediqué a elaborar un cuadro mental de ese ser despreciable. No era difícil. Bastó un par de miradas en su dirección para catalogarlo como terrorista en viaje para dar muerte al presidente de nuestro país. Cuando el avión se remontaba, planeaba la forma de agarrarlo si se atrevía a ir al baño durante el vuelo. Sin duda, llevaba un arma escondida a bordo y recaía en mí la responsabilidad de apresarlo.

Me volví para intimidarlo con un gruñido y vi, con gran sorpresa de mi parte, que Jenna le ofrecía un pretzel. ¿Qué? ¡Mi hija fraternizaba con el enemigo! Y, peor aun, ¡él aceptó! Como si las galletas fueran ramas de olivo, aceptó el regalo que le ofreció y ambos se reclinaron en sus asientos y se dispusieron a dormir.

Al rato también dormí un poco, pero no antes de aprender la lección que Dios me dio usando a mi hija para que me la enseñara.

En la casa de Dios a veces nos encontramos junto a personas que no nos agradan. Si pudiéramos pedirles que se vayan, lo haríamos, pero no nos dan la opción. Todos estamos aquí por gracia y, en algún punto, todos tenemos que compartir algo de gracia. Así que, la próxima vez que te encuentres junto a un personaje cuestionable, no lo hagas pasar un mal rato... convídalo a un pretzel.

CAPÍTULO 13

Los
MUROS

—| *Satanás, siervo de Dios* |—

Y no nos metas en tentación mas líbranos del mal...

L AS POCAS PERSONAS que me vieron competir en los deportes escolares nunca cuestionaron mi decisión de entrar en el ministerio. Sin embargo, recibí una carta que me recordaba de la ocasión cuando saqué la pelota por sobre la cabeza del jugador que debía despejar. Otro ex compañero me hizo recordar la pelota que se me resbaló del guante al atraparla, y con ello di la oportunidad para que los ganadores completaran su marca. Y hubo otra ocasión en que mi compañero anotó al recibir una devolución de ochenta yardas, solo para que lo anularan porque su compañero, su servidor, lo penalizaron por bloquear desde atrás a un jugador que no llevaba la pelota. ¡Ah, cómo duelen esos recuerdos! Duelen no porque cometí errores, sino porque ayudé al otro equipo. Es malo perder; ¡pero mucho más es ayudar a que tu oponente gane!

Mi experiencia más flagrante de ayudar al oponente ocurrió en un torneo de baloncesto de sexto grado. No me acuerdo de cómo iba exactamente la cuenta, pero era muy estrecha. Recuerdo una pelota suelta, un barullo por agarrarla y una sorpresa completa cuando mi compañero de equipo desde el fondo del grupo me la pasó. Con el estilo de un jugador más valioso en ciernes, hice un gancho digno de una transmisión en el canal deportivo de TV. Mi sorpresa por la facilidad con que la pelota entró en el aro la superó solamente mi extrañeza ante el silencio de la multitud.

¡Nadie aplaudió! En vez de darme golpecitos en la espalda, los de mi equipo tenían el rostro cubierto con sus manos. Entonces fue cuando me di cuenta de lo que había hecho. Había metido el balón donde no debía: ¡había ayudado al enemigo! Había ayudado al otro equipo. No era raro entonces que nadie tratara de detenerme: los estaba ayudando.

¿Se imaginan lo tonto que me sentí?

Si pueden, también pueden imaginar cuán tonto debe de sentirse Satanás. Tal es el patrón diario del diablo. Cada vez que intenta anotar un punto para el mal, termina anotando un punto para bien. Cuando planea desbaratar el Reino, siempre lo lleva al progreso. ¿Puedo darte algunos ejemplos bíblicos?

CONTRA DETONACIONES DEL INFIERNO

¿Se acuerdan de Sara, la esposa de Abraham? Dios le prometió un hijo, pero ella no tuvo hijos durante varias décadas.

Satanás utilizó la cuna vacía para agitar la tensión, la disensión y la duda. Sara serviría como presunción del hecho de que no se puede confiar en Dios. Al fin, fue ejemplo de exactamente lo contrario. El pensamiento de esta anciana de noventa años en la maternidad ha enseñado a millones que Dios reserva lo mejor para el final.

¿Y qué de Moisés? Satanás y sus hordas aullaban de alegría el día que el joven príncipe tuvo que huir de Egipto a causa del mismo pueblo que quería liberar. Pensaban que había hecho descarrilar el plan de Dios, cuando en realidad habían jugado en su mano. Dios usó la derrota para humillar a su siervo y el desierto para prepararlo. El resultado estuvo delante de Faraón cuarenta años después, en la forma de un Moisés experimentado que había aprendido a escuchar a Dios y a sobrevivir en el desierto.

¿Y Daniel? Con solo ver cómo llevaban al cautiverio a los mejores jóvenes de Jerusalén, parecía ser una victoria de Satanás. La estrategia del infierno era aislar a los piadosos jóvenes. Nuevamente el plan tuvo el efecto de un bumerán. Lo que Satanás pretendía era la cautividad, pero Dios lo convirtió en realeza. Pronto le pidieron a Daniel que sirviera en la corte del rey. El mismísimo hombre al que Satanás quiso acallar pasó la mayor parte de su vida orando al Dios de Israel y como consejero de los reyes de Babilonia.

Y considérese a Pablo. Satanás esperaba que la prisión silenciaría su púlpito, y lo hizo, pero también desató su pluma. Las cartas a los Gálatas, a los Efesios, a los Filipenses y a los Colosenses se escribieron desde una celda en la cárcel. ¿No ves a Satanás cómo patea el suelo y rechina los dientes cada vez que una persona lee esas Epístolas? ¡Ayudó a que se escribieran!

Pedro es otro ejemplo. Satanás trató de desacreditar a Jesús haciendo que Pedro lo negara. Pero el plan resultó al revés. En vez de ser un ejemplo de hasta dónde puede caer una persona, Pedro llegó a ser un ejemplo de cuán lejos Dios extiende su gracia.

Cada vez que Satanás encesta, el otro equipo logra los puntos. Es el coronel Klink de la Biblia. ¿Se acuerdan del coronel Klink? Era el cabeza de turco para Hogan en la serie de televisión *Los héroes de Hogan*. Se supone que Klink era el director de un campamento de prisioneros de guerra durante la Segunda Guerra Mundial. Sin embargo, los que estaban en el campamento, lo sabían mejor. Sabían quién era realmente el que dirigía el campamento: los prisioneros. Intervenían los llamados de Klink y leían su correspondencia. Hasta le daban ideas a Klink, las que usaban para su propia causa.

Repetidas veces la Biblia deja en claro quién es el que realmente dirige la tierra. Satanás puede pavonearse todo lo que quiera, pero es Dios el que tiene la última palabra.

LÍBRANOS DEL MAL

La penúltima frase en el Padrenuestro es una petición para que nos proteja de Satanás: «Y no nos metas en tentación mas líbranos del mal».

¿Es necesario hacer ese tipo de oración? ¿Permitiría Dios que nos llevaran a la tentación? Santiago 1.13 dice: «Cuando alguno se sienta tentado a hacer el mal, no piense que es

Dios quien le tienta, porque Dios no siente la tentación de hacer el mal ni tienta a nadie para que lo haga». Si Dios no nos tienta, ¿por qué orar «No nos metas en tentación»? Estas palabras confunden a los teólogos más sofisticados.

Pero no confunden a un niño. Y esta es una oración para el corazón semejante al de un niño. Es una oración para quienes consideran a Dios como su *Abba*. Es una oración para quienes ya han conversado con su Padre acerca de la provisión de alimentos para hoy («El pan nuestro de cada día dánoslo hoy») y perdón del ayer («Perdónanos nuestras deudas»). Ahora el hijo necesita protección para el mañana.

La frase se entiende mejor con una sencilla ilustración. Imagínate que un padre y su hijo caminan por una calle cubierta de hielo. El padre advierte al hijo para que ponga cuidado, pero el niño está tan entusiasmado que no puede disminuir su velocidad. Resbala y cae. El padre se acerca y lo ayuda a ponerse de pie. El niño se disculpa por no haber tomado en cuenta la advertencia y luego, firmemente aferrado de la gran mano de su padre, le pide: «Cuídame de los lugares resbalosos. No dejes que me caiga otra vez».

El padre está deseoso de ayudar. «El Señor dirige los pasos del hombre y le pone en el camino que a Él le agrada; aun cuando caiga, no quedará caído, porque el Señor le tiene de la mano» (Salmo 37.23-24). Ese es el corazón de esta petición. Es la tierna petición de un niño a su padre. Los últimos resbalones nos han enseñado: el camino es muy traicionero para ir solos. Entonces ponemos nuestra pequeña mano en su gran mano y le decimos: «Por favor, *Abba*, líbrame del mal».

EL MAL

Además, ¿en qué otra persona podríamos confiar que nos libre del mal? Hemos oído de este diablo. Y lo que hemos oído nos confunde. En las Escrituras dos veces se retira la cortina del tiempo y se nos concede dar un vistazo a la apuesta más tonta de la historia. Satanás era un ángel que no estaba contento con estar cerca de Dios; tenía que estar por encima de Dios. Lucifer no estaba satisfecho de dar culto a Dios; quería ocupar el trono de Dios.

Según Ezequiel, tanto la belleza como la maldad de Satanás no tenían igual entre los ángeles:

> Tú eras modelo de perfección, lleno de sabiduría y de perfecta belleza. Estabas en Edén, el jardín de Dios, adornado de toda clase de piedras preciosas ... y caminabas entre las estrellas. Tu conducta fue perfecta desde el día en que fuiste creado hasta que apareció en ti la maldad. (Ezequiel 28.12-15)

Los ángeles, al igual que los humanos, se crearon para servir y adorar a Dios. Los ángeles, como los humanos, tenían libre albedrío. De otro modo, ¿cómo podrían adorar? Tanto Ezequiel como Isaías describen un ángel más poderoso que cualquier humano, más hermoso que cualquiera criatura, sin embargo, más necio que cualquier ser que haya vivido. Su orgullo fue su caída.

La mayoría de los entendidos ven en Isaías 14.13-15 la descripción de la caída de Lucifer:

> Voy a subir hasta el cielo; voy a poner mi trono sobre las estrellas de Dios; voy a sentarme allá lejos en el norte,

en el monte donde los dioses se reúnen. Subiré más allá de las nubes más altas; seré como el Altísimo.

No puedes dejar de notar la cadencia en las arrogantes palabras que llevan tácita la primera persona singular como sujeto: «Voy a subir... voy a poner... voy a sentarme... seré como el Altísimo». Debido a que trató de ser como Dios, cayó delante de Dios y a través de la historia se lo ha pasado tratando de convencer al hombre que haga lo mismo. ¿No fue esa la estrategia que usó con Eva? «Seréis como Dios», le prometió (Génesis 3.5).

No ha cambiado. Es tan egocéntrico ahora como lo fue entonces. Es tan necio ahora como lo fue entonces. Y es tan limitado ahora como lo fue entonces. Aun cuando el corazón de Satanás era bueno, era inferior a Dios. Todos los ángeles son inferiores a Dios. Dios lo sabe todo, ellos saben solamente lo que Él les revela. Dios está en todas partes, ellos pueden estar solamente en un lugar. Dios es todopoderoso, los ángeles son tan poderosos como Dios les permite que sean. Todos los ángeles, incluido Satanás, son inferiores a Dios. Y esto puede sorprenderte: aun Satanás está al servicio de Dios.

EL DIABLO ES EL «DIABLO DE DIOS»

No quiere serlo. No tiene la intención de serlo. Nada le gustaría más que levantar su propio reino, pero no puede. Cada vez que procura el progreso de su propia causa, termina promoviendo la de Dios.

Erwin Lutzer expresa su pensamiento en este libro, *The Serpent of Paradise*:

El diablo es tan siervo de Dios en su rebelión como lo era en sus días de dulce obediencia ... No podemos cometer exceso si citamos a Lutero frecuentemente: El diablo es el diablo de Dios.

Satanás tiene diferentes papeles en dependencia del consejo y el propósito de Dios. Está obligado a prestar servicio a la voluntad de Dios en el mundo; debe hacer el beneplácito del Todopoderoso. Debemos recordar que él tiene propósitos espantosos, pero el saber que solo los podría ejercer bajo la dirección y el beneplácito divino nos da esperanzas. Satanás simplemente no tiene libertad de confusión entre las personas a voluntad.[1]

¿Satanás haciendo la voluntad del Todopoderoso? ¿Procura el permiso de Dios? ¿No te parece extraño ese lenguaje? Quizás. Si lo es, puede estar seguro que Satanás preferiría que no escucharas lo que te voy a decir. Prefiere que estés engañado pensando que es una fuerza independiente con poder ilimitado. No quiere que le menciones los muros que rodean la Gran Casa de Dios. Satanás no puede escalarlos, no puede penetrarlos. No tiene poder en lo absoluto salvo el poder que Dios le permite tener.

Preferiría que nunca escucharas las palabras de Juan: «Vosotros sois de Dios y habéis vencido a esos mentirosos, porque el que está en vosotros es más poderoso que el que está en los del mundo» (1 Juan 4.4). Y por cierto que no quisiera que jamás supieras la forma en que Dios utiliza al diablo como instrumento para el progreso de la causa de Cristo.

---

1 Erwin Lutzer, *The Serpent of Paradise* [La serpiente del Paraíso], Moody Press, Chicago, 1996, p. 102.

¿Cómo usa Dios a Satanás para hacer la obra del cielo? Dios usa a Satanás para:

1. *Purificar a los fieles.* Todos tenemos la enfermedad del diablo. hasta el más dócil entre nosotros tiene la tendencia a tener un concepto demasiado alto de sí. Tal parece que Pablo también. Su currículum vitae era impresionante: una audiencia personal con Jesús, participante de visiones celestiales, apóstol escogido por Dios, uno de los autores de la Biblia. Sanó a enfermos, viajó a través del mundo y escribió uno de los documentos más grandes de la historia. Pocos pueden igualar sus logros. Estaba consciente de ello. Quizás haya habido un momento en que Pablo comenzó a felicitarse. Dios, que ama a Pablo y odia el orgullo, protegió a Pablo del pecado. Usó a Satanás para hacerlo.

Por eso, para que no creyera yo ser más de lo que soy por haber recibido revelaciones tan maravillosas, se me ha dado un sufrimiento, una especie de espina clavada en el cuerpo, que como un instrumento de Satanás vino a maltratarme. (2 Corintios 12.7)

No se nos dice la naturaleza de la espina, pero se nos dice su propósito: que Pablo siga siendo humilde. También se nos dice su origen: un instrumento de Satanás. El instrumento pudo haber sido un dolor, un problema o una persona que le causaba aflicción. No lo sabemos. Pero sí sabemos que el instrumento lo controlaba Dios. Por favor, nótense los versículos ocho y nueve: «Tres veces he pedido al Señor que me quite el sufrimiento, pero el Señor me ha dicho: "Mi amor es todo lo que necesitas, pues mi poder se muestra mejor en los débiles"». Satanás y sus fuerzas eran simplemente un instrumento en las manos de Dios para fortalecer a un siervo.

Otro ejemplo del diablo como siervo de Dios es la tentación de Job. El diablo se atreve a dudar de la estabilidad de la fe de Job y Dios le da permiso para probar a Job. Dios dijo: «Está bien. Haz lo que quieras con todas las cosas de Job, con tal que a él mismo no le hagas ningún daño» (Job 1.12). Nótese que Dios dio tanto el permiso como los parámetros de la lucha. Job pasa la prueba y Satanás se queja y afirma que Job hubiera caído si se le hubiera obligado a enfrentar el dolor. Nuevamente Dios otorga el permiso y otra vez establece los límites. Le dice a Satanás: «Está bien, haz con él lo que quieras, con tal de que le respetes la vida» (2.6).

Aunque el dolor y las preguntas son abundantes, finalmente la fe de Job y su salud son más fuertes que antes. Quizás no entendamos el motivo de la prueba, pero sabemos su fuente. Lee este versículo del último capítulo. Los familiares de Job: «Le expresaron sus condolencias y le consolaron por todas las calamidades que el *Señor* le había enviado» (42.11, énfasis mío).

Satanás no tiene poder, salvo el que Dios le otorga.

A la iglesia de Esmirna del primer siglo, Cristo le dijo: «No temas lo que has de sufrir. Para probarlos, el diablo arrojará a algunos de ustedes en la cárcel y los estará persiguiendo diez días. Sé fiel hasta la muerte y yo te daré la corona de la vida» (Apocalipsis 2.10, *La Biblia al día*).

Analicemos las palabras de Jesús por un minuto. Cristo informa a la iglesia acerca de la persecución, la duración de la persecución (diez días), la razón de la persecución (para ser probados) y el resultado de la persecución (la corona de la vida). En otras palabras, Jesús usa a Satanás para fortalecer su Iglesia.

Al coronel Klink le salió el tiro por la culata otra vez. Satanás anotó nuevamente para el equipo contrario. ¿Sabes lo que le molesta? Aun cuando parece ganador, pierde. Martín Lutero dio en el blanco cuando describió al diablo como instrumento de Dios, una azada que utiliza para cuidar su jardín. La azada nunca corta lo que el hortelano quiere conservar y nunca reserva lo que el jardinero quiere cortar. Sin duda, una parte del castigo de Satanás es la frustración que siente por su falta de intención de servir como instrumento para crear un jardín para Dios. Dios utiliza a Satanás para purificar a los fieles.

Dios también utiliza al diablo para:

2. *Despertar a los que duermen.* Centenares de años antes que Pablo, otro líder judío combatió con su ego, pero perdió. A Saúl, primer rey de Israel, lo consumieron los celos. David, el hijo menor de una familia de pastores de ovejas, lo eclipsó. David todo lo hacía mejor que Saúl: cantaba mejor, impresionaba más a las mujeres y hasta mató a gigantes que Saúl temía. Sin embargo, en vez de elogiar las habilidades que Dios le dio a David, Saúl se volvió malsanamente hostil. Dios, en un claro esfuerzo por despertar a Saúl de sus celos ciegos, convocó a su siervo involuntario Satanás para ayudar. «Al día siguiente, el espíritu maligno mandado por Dios se apoderó de Saúl, y este se puso como loco dentro de su palacio» (1 Samuel 18.10).

Observa un principio solemne: Hay ocasiones cuando el corazón se endurece tanto, y el oído se pone tan tardo, que Dios nos lleva a soportar las consecuencias de nuestras decisiones. En este caso se liberó al demonio para que atormentase a Saúl. Si Saúl no quería beber la copa de la bondad de Dios, que por un tiempo beba la copa del furor del infierno. «Que caiga en la desesperación para que pueda ser llevado a los brazos de Dios».[2]

El Nuevo Testamento refiere incidentes en que se administró una disciplina similar. Pablo reprende a la iglesia de Corinto por tolerar la inmoralidad. Acerca de un adúltero en la iglesia dice:

> Entonces ese hombre deberá ser entregado a Satanás; que se destruya lo que es puramente humano, pero que el espíritu se salve cuando venga el Señor. (1 Corintios 5.5)

Pablo da una instrucción semejante a Timoteo. El joven evangelista estaba enfrentándose a dos discípulos que habían naufragado en la fe e influían negativamente sobre otras personas. ¿Cuál fue su instrucción? «Esto les ha pasado a Himeneo y Alejandro, los cuales he entregado a Satanás para que aprendan a no ofender a Dios con sus palabras» (1 Timoteo 1.20).

Aunque parezca demasiado drástico, Dios dejará que una persona sufra realmente el infierno en la tierra, con la esperanza de que despierte su fe. Un amor santo toma la difícil decisión de entregar al hijo a las consecuencias de su rebelión.

A propósito, ¿no ayuda esto a explicar el mal desenfrenado que hay en el mundo? Si Dios permite que soportemos

2 *Ibid.*, 111.

las consecuencias de nuestro pecado y el mundo está lleno de pecadores, en el mundo el mal va a ser abundante. ¿No es esto lo que Pablo quiso decir en el primer capítulo de Romanos? Después de hacer una descripción de los que adoran la creación y no al Creador, Pablo dice: «Dios los ha abandonado a pasiones vergonzosas» (Romanos 1.26). ¿Se deleita Dios viendo los quebrantos y adicciones de sus hijos? No más de lo que un padre goza disciplinando a un hijo. Pero un amor santo toma decisiones difíciles.

Recuerda, la disciplina debe traer como resultado misericordia, no miseria. Algunos santos despertaron con un golpe cariñoso en la espalda, mientras otros necesitaron un garrotazo en la cabeza. Y cuando Dios necesita dar el garrotazo, invita a Satanás. También se le llama para:

3. *Enseñar a la Iglesia.* Quizás la ilustración más clara de cómo Dios usa a Satanás para lograr sus propósitos esté en la vida de Pedro. Escuchemos la advertencia que Jesús le hace: «Simón, Simón, mira que Satanás os ha reclamado para zarandearos como si fuerais trigo; pero yo he rogado por ti, para que no te falte la fe. Y tú, cuando te hayas vuelto a mí, ayuda a tus hermanos a permanecer firmes» (Lucas 22.31-32).

Notemos de nuevo quién tiene el control. Aun cuando Satanás tenía un plan, tenía que pedir permiso. «Dios me ha dado toda autoridad en el cielo y en la tierra» (Mateo 28.18), explicó Jesús, y esto lo prueba. El lobo no puede tomar la oveja sin el permiso del Pastor, y el Pastor solo permitirá el ataque si, a la larga, la ganancia vale la pena.

El propósito de esta prueba es dar un testimonio a la Iglesia. Jesús permitió que Pedro sufriera una prueba para que pudiera animar a sus hermanos. Quizás Dios haga lo mismo contigo. Dios sabe que la Iglesia necesita testimonios vivos de su poder. Tu dificultad, tu enfermedad, tu conflicto te están preparando para que tengas una voz de estímulo para tus hermanos. Todo lo que necesitas recordar es que:

> Vosotros no habéis pasado por ninguna prueba que no sea humanamente soportable. Y podéis confiar en Dios, que no os dejará sufrir pruebas más duras de lo que podáis soportar. Por el contrario, cuando llegue la prueba, Dios os dará también el modo de salir de ella, para que podáis soportarla. (1 Corintios 10.13)

> Vosotros pensasteis hacerme mal, pero Dios cambió ese mal en bien. (Génesis 50.20)

Recuerda, Satanás no puede traspasar las paredes de la Gran Casa de Dios.

¿Te cuesta todavía imaginar cómo tu lucha podría resultar en algo bueno? ¿Te cuesta todavía concebir la forma en que tu enfermedad, deuda o muerte podría ser instrumento para algo digno? Si es así, tengo un ejemplo para terminar. Aunque no quiero minimizar tu lucha, debo decirte que la tuya es una fiesta en comparación con esta. Un Salvador sin pecado fue cargado de pecado. Al autor de la vida lo pusieron en la cueva de la muerte. La victoria de Satanás parecía segura. Por fin, el diablo había anotado en el lado bueno de la cancha. No solamente había anotado, había clavado el balón en el cesto por sobre el jugador más valioso y lo había dejado tendido en el suelo. A Satanás le había salido el tiro por la culata con todos desde Sara hasta Pedro, pero esta vez, todo había salido bien. Todo el mundo lo había visto. Ya había comenzado el baile de la victoria.

Sin embargo, de repente se iluminó el sepulcro y retumbó la roca; entonces de la tragedia del viernes apareció el Salvador del domingo, y hasta Satanás supo que lo habían timado. Había sido una herramienta en manos del hortelano. Se pasó todo el tiempo pensando que había derrotado al cielo y en realidad lo había ayudado. Dios quería probar su poder sobre el pecado y la muerte, y fue eso exactamente lo que hizo. ¿Y adivina quién le ayudó? Una vez más el gancho de Satanás se convirtió en un desastre. Solo que esta vez, no le dio al cielo algunos puntos, le dio el campeonato.

Jesús surgió como el vencedor y Satanás quedó mirando como un... bueno, dejaré que te lo imagines. Así que Dios usa al diablo en beneficio de los suyos porque:

Purifica al fiel.

Despierta a los que duermen.

Enseña a la Iglesia.

CAPÍTULO 14

LA
CAPILLA

─┤ *Contar con el poder de Dios* ├─

Porque tuyo es el reino, y el poder,
y la gloria, por todos los siglos. Amén.

LEÍ UN ARTÍCULO de una dama que me hizo acordar cómo somos nosotros. Subió a una montaña que debió evitar. Nadie la habría culpado si no hubiera ido. Con doce grados bajo cero, hasta el hombre de las nieves preferiría estar cerca del fuego. Tenía solamente un día para esquiar, pero su marido insistió y fueron. Mientras estaba en la fila del telesquí se dio cuenta que necesitaba ir al baño, iy con *urgencia*! Segura de que habría un baño a la llegada del telesquí, ella y su vejiga soportaron el agitado viaje, para encontrar que no había instalaciones. Comenzó a sentir pánico. Su marido tuvo una idea: ¿Por qué no ir al bosque?

Como su indumentaria era completamente blanca, se confundiría con la nieve. ¿Y qué mejor tocador que un pinar?

¿Qué opción tenía? Esquió hasta la línea de los árboles y se puso su ropa de esquiar a medio mástil. Por fortuna, nadie la podía ver. Desafortunadamente su marido no le había dicho que se quitara los esquíes. En menos tiempo de lo que canta un gallo fue descendiendo hacia atrás por la ladera, mostrando de ella mucho más de lo que se había propuesto. (Después de todo, su percepción tardía es 20/20.) Con los brazos como aspas de molino y los esquíes deslizándose, llegó a toda velocidad al telesquí mismo en que había llegado y chocó con un poste.

Cuando a duras penas quiso cubrir sus partes esenciales, descubrió que tenía fracturado el brazo. Afortunadamente su marido había corrido a rescatarla. Llamó la patrulla y esta la llevó al hospital.

Mientras la atendían en la sala de emergencia, llevaron a un hombre con una pierna fracturada y lo pusieron a su lado. Ahora ella había recuperado su compostura lo suficiente como para entablar una conversación.

—¿Cómo se fracturó la pierna? —preguntó.

—Es lo más raro que jamás haya visto —explicó—. Iba en mi asiento del telesquí y de repente no pude creer lo que veían mis ojos. Allá abajo iba una loca esquiando hacia atrás y a toda velocidad. Me incliné para ver mejor, y creo que no me di cuenta de lo mucho que me moví. Me caí del telesquí.

Entonces se volvió hacia ella y preguntó:

—Y usted, ¿cómo se rompió el brazo?[1]

¿No cometemos el mismo error? Subimos montañas que nunca tuvimos la intención de subir. Tratamos de subir cuando debimos quedarnos abajo, y como resultado hemos tenido algunas desagradables caídas a la vista de un mundo que nos observa. El relato de la dama (lo siento, no pude resistir) es un eco de nuestra propia historia. Hay ciertas montañas que no debiéramos haber escalado. Súbelas y terminarás golpeado y avergonzado. Manténte alejado de ellas y eludirás una cantidad de dificultades. Estas montañas las describe en su oración final el Padrenuestro: «Tuyo es el reino, y el poder, y la gloria por todos los siglos. Amén».

REGRESO A LA CAPILLA

El Padrenuestro nos ha dado un plano de la Gran Casa de Dios. Desde la sala de nuestro Padre hasta la habitación familiar con nuestros amigos, aprendemos los anhelos de David al decir: «Y después viviré para siempre contigo en tu hogar» (Salmo 23.6, *La Biblia al día*). En la casa de Dios tenemos todo lo que necesitamos: sólidos cimientos, mesa abundante, paredes firmes y el impenetrable techo de la gracia.

Ahora que hemos visto cada pieza y explorado cada rincón, tenemos una parada final. No es una nueva habitación, sino una que ya visitamos. Regresamos a la capilla. Regresamos a la sala de culto. Recordarás que la capilla es donde nos pusimos de pie ante Dios y confesamos: «Santificado sea tu nombre».

La capilla es la única habitación de la casa de Dios que visitamos dos veces. No es difícil darse cuenta por qué. Nos

---

1 Lois Lambley, «... so how'd you break your arm?» [¿Cómo se rompió el brazo?], Et Cétera, *North Bend Eagle*, 18 de enero de 1995, p. 4.

hace doblemente bien pensar en Dios que pensar en alguien o en algo. Dios quiere que comencemos y terminemos nuestras oraciones pensando en Él. Jesús nos anima a que miremos más hacia la cumbre que hacia el sendero. Mientras más nos concentramos en lo de arriba, más inspiración recibiremos aquí abajo.

Hace algunos años un sociólogo acompañó a un grupo de alpinistas en una expedición. Entre otras cosas, observó una clara correlación entre la cumbre cubierta por una nube y el contentamiento. Cuando no había nubes y la cumbre estaba a la vista, los escaladores se llenaban de energía y cooperaban. Cuando las nubes grises eclipsaban la vista de la cumbre, los alpinistas se ponían hoscos y egoístas.

Lo mismo nos ocurre a nosotros. Mientras nuestros ojos están puestos en la majestad de Dios, nuestro paso es ágil. Pero pegamos nuestros ojos en el polvo que pisamos y gruñiremos por cada piedra y grieta que tengamos que pasar. Por esta razón, Pablo exhorta: «Si ustedes "RESUCITARON" cuando Cristo resucitó, fijen la mirada en las grandes riquezas y el indescriptible gozo que tendrán en el cielo, donde Él ocupa junto a Dios el sitio más excelso de honor y poder. Dejen que el cielo sature sus pensamientos, y no pierdan tiempo en las cosas de este mundo» (Colosenses 3.1-2, *La Biblia al día*).

Pablo nos anima a fijar «la mirada en ... el cielo», donde está Cristo. El salmista te recuerda que debes hacer lo mismo, solo que usa una frase diferente: «Engrandeced a Jehovah conmigo; ensalcemos juntos su nombre» (Salmo 34.3, RVA).

Engrandeced. Qué verbo tan maravilloso para describir

lo que hacemos en la capilla. Engrandeces un objeto cuando lo amplías para poderlo entender. Cuando engrandecemos a Dios, hacemos lo mismo. Engrandecemos nuestra conciencia de Él y así lo entendemos mejor. Esto es exactamente lo que ocurre en la capilla de adoración: quitamos de nosotros nuestro pensamiento y lo centramos en Dios. El énfasis está en Él. «*Tuyo* es el reino, y el poder, y la gloria por todos los siglos. Amén».

Precisamente ese es el propósito de esta frase final del Padrenuestro. Estas palabras engrandecen el carácter de Dios. Me encanta cómo traduce esta parte la versión *The Message*:[2]

¡Tú lo diriges todo!

¡Tú puedes hacer todo lo que quieras!

¡Tú resplandeces de belleza!

¡Sí! ¡Sí! ¡Sí!

¿Podría ser más sencillo? ¡Dios tiene el dominio! Este concepto no nos resulta extraño. Cuando el camarero del restaurante te trae una hamburguesa fría y agua mineral caliente, preguntas por el encargado. Cuando un joven quiere impresionar a la chica que pretende, la lleva hasta la tienda donde trabaja y se jacta: «Todas las noches, de cinco a diez, soy el encargado». Sabemos lo que significa ser el encargado

2 Paráfrasis de la Biblia en inglés.

de un restaurante o de un negocio, ¿pero tener la responsabilidad del universo? Este es el derecho de Jesús.

> Poder que levantó a Cristo de entre los muertos y lo
> sentó a la derecha del Altísimo, en gloria, muy *por enci-*
> *ma* de cualquier rey, gobernante, dictador o caudillo. Sí,
> la gloria de Cristo es mucho mayor que la que cualquiera
> haya alcanzado en este mundo o alcanzará en el venide-
> ro. Dios ha puesto todas las cosas a sus pies y lo hizo *su-*
> *prema cabeza* de la iglesia. Y la iglesia, que es su cuerpo,
> está llena de Él, autor y dador de todo lo que existe. (Efe-
> sios 1.20-23, *La Biblia al día,* énfasis mío)

Hay muchos ejemplos de la autoridad de Jesús, pero
mencionaré solo uno de mis favoritos. Jesús y sus discípulos
van en una barca cruzando el mar de Galilea. De repente se
desata una tormenta y lo que era plácido se convierte en algo
violento: gigantescas olas se elevan desde el mar y azotan la
barca. Marcos la describe claramente: «Se levantó una furio-
sa tormenta, y las olas golpeaban la barca, tanto que ya co-
menzaba a inundarse» (Marcos 4.37, NVI).

Es muy importante que te formes un cuadro exacto, por
eso te pido que te imagines que estás en la barca. Es una nave
firme, pero no está hecha para olas de tres metros. Primero
hundes la nariz contra una muralla de agua. La fuerza de las
olas inclinan peligrosamente la barca hasta que la proa parece apuntar hacia el cielo, y cuando temes que te vas a caer de
espaldas, la barca te lanza hacia el valle de otra ola. Una docena de manos se unen a las tuyas para agarrarse del mástil.
Tus compañeros de navegación tienen las cabezas mojadas y
los ojos muy abiertos. Afinas el oído para oír alguna voz que

dé calma, pero todo lo que oyes son chillidos y oraciones. De repente te das cuenta que falta alguien. ¿Dónde está Jesús? No está aferrado al mástil. No está agarrado del costado del barco. ¿Dónde está? Entonces escuchas algo, un sonido... un sonido fuera de lugar... parecido a un ronquido. Te vuelves y miras, y allí, hecho un ovillo en la popa del barco está Jesús, ¡durmiendo!

No sabes si maravillarte o enojarte, así que haces las dos cosas. ¿Cómo puede Él dormir en un momento como este? O, como sus discípulos le rogaron: «Maestro, ¿no te importa que nos ahoguemos?» (Marcos 4.38, NVI).

Si eres padre de una adolescente, te han hecho preguntas similares. La última vez que no hipotecaste la casa para comprarle a tu hija la última moda en zapatillas, ella le preguntó: «¿No te importa si me veo anticuada?»

Cuando insististe que dejara de participar en el juego de fin de semana para asistir a las bodas de oro de sus abuelos, tu hijo preguntó: «¿No te importa que tenga vida social?»

Cuando les limitaste los agujeros en la oreja a uno por lóbulo, la acusación vino apenas velada en la forma de una pregunta: «¿No te preocupa que no esté a la moda?»

¿Le importa a los padres? ¡Claro que sí! Solo que tienen una perspectiva diferente. Lo que el adolescente ve como una tormenta, mamá y papá lo consideran una lluvia primaveral. Ya han tenido bastantes experiencias para saber que estas cosas pasan.

Igual ocurre con Jesús. La misma tormenta que llenó de pánico a los discípulos, le produjo sueño a Jesús. Lo que llenó de terror los ojos de los discípulos, a los de Jesús les dio sueño. Para sus seguidores la barca era un sepulcro y para Jesús una cuna. ¿Cómo podía dormir en medio de una tormenta? Sencillamente Él la controlaba.

Lo mismo ocurre contigo y la televisión. ¿No te duermes siempre con la TV encendida? Por supuesto. Pero, pon la misma televisión en la choza de paja de un indio primitivo del Amazonas que nunca ha visto una y, créeme, no podrá dormir. ¿Cómo podría alguien dormir en presencia de un cajón que habla? Hasta donde llegan sus conocimientos, esos pequeños personajes que están detrás del vidrio podrían escaparse de la caja y venir a buscarlos. No hay modo de que vaya a dormir. Ni habrá manera que te deje dormir a ti. Si cabeceas, inmediatamente te despertará. ¿No te importa que hagan una masacre? En vez de discutir con ellos, ¿qué haces? Apunta con el control remoto a la pantalla y apagas el equipo.

Jesús ni siquiera necesitó un control remoto.

Él se levantó, reprendió al viento y dijo a las olas:

—¡Silencio! ¡Cálmense!

El viento se calmó y todo quedó completamente tranquilo.

¿Por qué tienen tanto miedo? —dijo a sus discípulos—. ¿Todavía no tienen fe? (Marcos 4.39-40, NVI).

Increíble. No canta un mantra ni agita una varita mágica. No invoca a ángeles, ni necesita ayuda. Las aguas impetuosas se convierten en un mar tranquilo, al instante. Calma inmediata. No hay olas. No se mueve una gota. No hay brisa.

En un momento el mar, de ser un torrente agitado, pasa a ser un apacible lago. ¿La reacción de los discípulos? Vamos a leerla en el versículo 41 (NVI):

Ellos estaban espantados y se decían unos a otros: ¿Quién es este, que hasta el viento y las olas le obedecen?

Nunca habían visto un hombre como este. Las olas eran sus siervas y los vientos sus súbditos. Esto era solo el principio de lo que sus compañeros de navegación presenciarían. Antes de terminar, verían peces saltar hacia dentro de la barca, demonios que entran en los cerdos, inválidos que danzan y cadáveres que vuelven a ser personas vivas, con aliento. «¡Hasta a los espíritus impuros da órdenes, y le obedecen!», proclama la gente (Marcos 1.27).

¿Es extraño que los discípulos estuvieran dispuestos a morir por Jesús? Nunca habían visto tal poder, nunca habían sido testigos de tanta gloria. Era como, bueno, como si todo el universo fuera su reino. No hubiera tenido necesidad de explicarles este versículo; sabían lo que significaba: «Tuyo es el reino, y el poder, y la gloria por todos los siglos».

En efecto, estos dos pescadores rescatados fueron los que pudieron declarar con más claridad su autoridad. Escuchemos a Juan: «Es más poderoso que el que está en los del mundo» (1 Juan 4.4). Oigamos a Pedro: «Subió al cielo y está a la derecha de Dios, y al que han quedado sujetos los ángeles y demás seres espirituales que tienen autoridad y poder» (1 Pedro 3.22). Es justo que declararan su autoridad. Y es bueno que hagamos lo mismo. Y eso es exactamente lo que es esta oración: una declaración. Una declaración del corazón. Una declaración que Dios merece oír, ¿verdad? ¿No merece oírnos proclamar su autoridad? ¿No es justo que gritemos desde el fondo de nuestro corazón y con toda la fuerza de nuestras voces: «¡Tuyo es el reino, y el poder, y la gloria por todos los siglos!»? ¿No es bueno que miremos las cumbres de Dios y le adoremos?

Por supuesto que sí. Dios no solo merece oír nuestras alabanzas, necesitamos dársela.

MONTAÑAS QUE NO DEBES ESCALAR

Hay ciertas montañas que solo Dios puede escalar. ¿Los nombres de estas montañas? Ya las verás cuando mires por la ventana de la capilla en la Gran Casa de Dios. «Tuyo es el reino, y el poder, y la gloria por todos los siglos». Un trío de picachos cubiertos por las nubes. Admíralos, apláudelos, pero no los escales.

No es que no los reciban si lo intentan, lo que pasa es que no pueden. El pronombre es *tuyo*, no *mío*; *tuyo* es el Reino, no *mío* es el Reino. Si la palabra *Salvador* está en la descripción de su carga de trabajo, se debe a que tú la pusiste allí. Su papel es ayudar al mundo, no salvarlo. El monte Mesías no es un monte que debes escalar.

Tampoco debes escalar el monte Independencia. No eres capaz de dirigir el mundo, ni eres capaz de sustentarlo. Algunos piensan que pueden. Se han hecho a sí mismos. No doblan las rodillas, sencillamente se arremangan, agregan otro día de veinticuatro horas... lo que sería suficiente cuando se trata de ganarse la vida o de establecer un negocio. Pero cuando enfrentes tu propia tumba o culpa, tu poder no te servirá. No te crearon para dirigir un reino, ni se espera que seas todopoderoso. Tampoco puedes manejar toda la gloria. El monte Aplauso es el más seductor de los tres. Mientras más alto llegas, más te aplaude la gente, pero más liviana se hace la atmósfera. Más de una persona se ha puesto de pie en la cumbre y ha gritado: «¡Mía es la gloria!», solo para perder el equilibrio y caer.

«Tuyo es el reino, y el poder, y la gloria por todos los siglos». ¡Qué protección ofrece esta frase final! Cuando confiesas que Dios es el encargado, reconoces que tú no lo eres. Cuando proclamas que Dios tiene el poder, reconoces que tú no lo tienes. Cuando das a Dios el aplauso, nada hay que te vaya a causar vértigo.

Que la dama de la ladera nos enseñe una lección: Hay ciertas montañas que no deberíamos escalar. Quédate abajo en el lugar para el que te crearon, de manera que no te expongas a tener problemas.

CAPÍTULO 15

Un hogar para
tu corazón

MI HIJA Sara invitó recientemente a una amiga a pasar la noche con ella. No tenían clases el día siguiente, así que les permitimos que se quedaran levantadas todo lo que quisieran. El aplazamiento de la hora de ir a la cama para un par de niñas de siete años es como liberar a un convicto de la fila de la muerte. Las dos me superaron. Dormía en mi silla cuando desperté, me di cuenta que era casi la medianoche y que ellas seguían despiertas. «Bueno, niñas», les informé, «es mejor que nos vayamos a dormir». Gimieron todo el rato mientras se cambiaban la ropa, se lavaban los dientes y se acostaban. En ese momento nuestra pequeña invitada pidió llamar a su mamá. Al principio no quisimos, pero entonces le tembló la barbilla, los ojos se le nublaron, y sabiendo que estábamos a pocos momentos de una explosión, le pasamos el teléfono.

Podía imaginarme lo que ocurría al otro lado de la línea: suena el teléfono en la oscuridad, una madre, por encima de su marido profundamente dormido, toma el receptor.

La pequeña ni siquiera dijo «Hola». «Mami, quiero irme a casa». Con un oso de felpa en una mano y el teléfono en la otra, alegó su causa. Tenía miedo de despertar en una habitación extraña. Esta no era su casa. Quería su cama, su almohada y, por sobre todo, a su mamá.

No la culpo. Cuando viajo, la parte más difícil del viaje es ir a dormir. La almohada nunca queda bien, las sábanas son muy... muy tiesas. Además, quién sabe el que durmió allí anoche. Las cortinas nunca cierran como para impedir que la luz de neón penetre por la ventana. Necesito levantarme temprano, pero... ¿puedo confiar en que la operadora me despertará a tiempo? Después de todo, aquella noche en Boise nadie me despertó y... allá van mis pensamientos que abarcan todo desde la visita de Denalyn al doctor pasando por el vuelo de mañana, hasta la declaración de impuestos de la temporada. Llamaría a casa, pero es demasiado tarde. Saldría a caminar, pero podrían asaltarme. Podría pedir que me trajeran comida a la habitación, pero ya comí. Me iría a casa, pero, bueno, se supone que soy adulto. Finalmente me siento en la cama, enciendo el televisor y me pongo a ver deportes hasta que me arden los ojos y luego al rato, me duermo.

Lo asocio con la amiga de Sara. Cuando se llega al descanso del cuerpo, no hay casa como la de uno.

También lo asocio con el salmista David. Cuando se trata del descanso del alma, no hay lugar como la Gran Casa de Dios. «Lo que pido de Dios, lo que más deseo», escribió, «es el privilegio de meditar en su Templo, vivir en su presencia cada día de mi vida, deleitarme en sus perfecciones y gloria incomparables. Allí estaré yo cuando sobrevengan las tribulaciones. Él me esconderá. Él me pondrá sobre alta roca» (Salmo 27.4-5, *La Biblia al día*).

Si pudieras pedirle una cosa a Dios, ¿qué pedirías? David nos dice lo que pediría. Anhela *vivir* en la casa de Dios. Enfatizo la palabra vivir, porque merece subrayarse. David no quiere charlar. No quiere una taza de café en el corredor de atrás. No pide una comida, ni quiere pasar una noche en la casa de Dios. Quiere mudarse con Él... para siempre. Pide su propia habitación... permanente. No desea instalarse en la casa de Dios, anhela retirarse allí. No busca una tarea temporal, sino una residencia para toda la vida.

Cuando David dice: «En tu casa, oh Señor, para siempre viviré» (Salmo 23.6, *La Biblia al día*), sencillamente dice que no quiere jamás dar un paso que lo aleje de Dios. Desea permanecer en el ambiente, en la atmósfera, en la conciencia de que está en la casa de Dios, dondequiera que esté.

El Padrenuestro es el plano de planta de la Casa de Dios: una descripción paso a paso de cómo Dios satisface nuestras necesidades cuando estamos en Él. En esta oración se describe todo lo que ocurre en una casa sana. Protección, instrucción, perdón, provisión... todo ocurre bajo el techo de Dios.

«Entonces, ¿por qué no hay más gente que se sienta protegida, perdonada o instruida?», podrías preguntar.

Mi respuesta es tan simple como directa es la pregunta. La mayoría no ha aprendido a vivir en la casa. Ah, nosotros la visitamos. Venimos por el día o llegamos para una comida. Pero, ¿morar en ella? Este es el deseo de Dios.

Recuerda la promesa de su Hijo: «El que me ama, hace caso a mi palabra; y mi Padre le amará, y mi Padre y yo vendremos a vivir con él» (Juan 14.23). Quiere ser aquel en quien «vivimos, nos movemos y existimos» (Hechos 17.28, NVI).

Ahora quiero terminar con un ejemplo de cómo esta oración puede ser un hogar para tu corazón. Tengo un gran camino aún por recorrer, pero estoy tratando de aprender a morar en la Gran Casa de Dios. Los últimos siete días tomé nota de los momentos en que saqué fortaleza de alguna parte de la casa.

El lunes estaba cansado, físicamente extenuado, así que entré en la capilla y dije: «Tuyo es el poder» y el Padre me recordó que era bueno que descansara.

El martes tenía más que hacer que horas tiene el día. En vez de ceder al estrés, entré en la cocina y pedí el pan nuestro de cada día. Me dio fortaleza y logré hacerlo todo.

El miércoles estaba en la cocina nuevamente. Necesitaba algunas ideas para un libro para niños. Fui hasta la mesa e hice una petición. A la hora de ir a dormir tenía el manuscrito en borrador.

Teníamos una reunión estratégica del personal esta semana. Comenzamos con media hora de oración y culto durante la cual entré en el observatorio y luego a la capilla. Pedí a Dios que había hecho los cielos que me diera la seguridad de que la reunión iba bien, y lo hizo. Pedí al Dios santo que está sobre nosotros que me guiara y lo hizo.

En una ocasión estaba impaciente. Entré en el corredor a pedirle gracia a Dios para descubrir que ya la había dado. En otro momento me sentí tentado, sin embargo, en el momento oportuno entró en la habitación una persona con una palabra de sabiduría, y me acordé del grosor de las paredes. Entonces me sentí frustrado por la opinión de una persona. No sabía qué responder, así que entré en el estudio, abrí la Palabra y 1 Corintios 13 me recordó: «El amor es paciente, es benigno».

No quiero dejar una falsa impresión. Ha habido tiempos en que he estado preocupado en vez de adorar, ha habido momentos en que le dije a Dios lo que tenía que tener en vez de confiar en que Él me llenaría el plato. Pero cada día aprendo a vivir en la Gran Casa de Dios.

Espero que tú también. Toma el consejo de Pablo y orar «en todo momento». Hazte el propósito de nunca salir de la casa de Dios. Cuando estés abrumado por las cuentas por pagar, entra en la cocina de Dios. Cuando te sientas mal por haber cometido un error, mira hacia el techo. Cuando visites a un nuevo cliente, ora en silencio al entrar en la oficina: «Venga tu reino a este lugar». Cuando estés en una reunión tensa, entra mentalmente en la sala del horno y ora: «Que la paz del cielo se sienta en la tierra» cuando sea difícil perdonar a la esposa, toma el cheque de la gracia que Dios te ha dado.

Mi oración por ti es la misma de Pablo: «Cambiad vuestra manera de pensar» (Romanos 12.2). Que el Espíritu Santo transforme tu entendimiento. Dios permita que puedas sentirte tan cómodo en su casa que nunca salgas de ella. Cuando te encuentres en otra casa, haz lo que la amiga de Sara hizo: llama a casa. Dile a tu Padre que no puedes descansar en otra casa que no sea la suya. No se molestará por la llamada. Estará esperando junto al teléfono.

EPÍLOGO

Su modelo, nuestra guía

Estamos en Casa.

¿**N**O ES UNA SENSACIÓN MARAVILLOSA saber que estamos en casa, donde nos corresponde estar? Aquí, donde nuestro espíritu ha anhelado estar... el lugar en el que nos sentimos a salvo y seguros.

¿Puedo sugerirte algo para tu vida en la Gran Casa de Dios? Cada día, cuando despiertes en su presencia, acuérdate del plano. Mientras conversas con tu Padre, traza el plano de planta mentalmente. Es una forma útil de entrar en su presencia. El siguiente es un ejemplo de cómo el Padrenuestro puede guiar tus oraciones:

201

Padre nuestro
Gracias por adoptarme en tu familia.

que estás
Gracias, mi Señor, por ser un Dios en tiempo presente:
mi Jehová-jireh (Jehová proveerá),
mi Jehová-raah (Jehová mi Pastor),
mi Jehová-salom (Jehová es paz),
mi Jehová-rophe (Jehová sana)
y mi Jehová-nisi (Jehová es mi estandarte).

en los cielos,
El taller de la creación me recuerda: Si puedes hacer los cielos,
puedes darle sentido a mis luchas.

Santificado sea tu nombre.
Sé santo en mi corazón.
Eres uno «cortado por encima» a todo lo demás.
Capacítame para poner la mira en ti.

Venga tu reino.
¡Reino, ven!
¡Manifiéstate, Señor Jesús!
Reina libremente en cada rincón de mi vida.

Hágase tu voluntad,
Revélame tu corazón, querido Padre.
Muéstrame cuál es mi papel en tu pasión.
Guíame en las siguientes decisiones...

Como en el cielo, así también en la tierra.
Gracias porque silencias los cielos para oír mi oración.
En mi corazón están tus seres queridos.
Oro por...

El pan nuestro de cada día, dánoslo hoy.
Acepto tu porción para mi vida este día.

Su modelo, nuestra guía

Rindo las siguientes preocupaciones acerca de mi bienestar...

Y perdónanos nuestras deudas,
Te doy gracias por el techo de la gracia que me cubre, armado
con los maderos y clavos del Calvario. Nada hay que pueda hacer para ganar ni para añadir a tu misericordia.
Confieso ante ti mis pecados...

Como también nosotros perdonamos a nuestros deudores.
Trátame, Padre, como trato a los demás.
Ten misericordia de los siguientes amigos que me han herido...

Y no nos metas en tentación,
Que mi pequeña mano quede dentro de la tuya.
Sosténme para que no caiga.
Pido especial fortaleza para...

Padre nuestro... danos... perdónanos... no nos metas...
Que tu bondad se manifieste sobre toda tu Iglesia.
Pido especialmente por los pastores que están cerca y los misio-
neros en tierras lejanas.

Tuyo, no mío, es el reino,
Pongo mis planes a tus pies.

Tuyo, no mío, es el poder,
Vengo a ti por fortaleza.

Tuya, no mía, es la gloria,
A ti doy todo el reconocimiento.

por todos los siglos. Amén.
Tuyo, no mío, es el poder. Amén.

GUÍA DE ESTUDIO
ESCRITA POR STEVE HALLIDAY

── *Capítulo 1 La Gran Casa de Dios* ──

REFLEXIONEMOS

1. Dios puede ser tu morada.
   A. ¿En qué sentido puede ser Dios la «morada» de alguien?
   B. ¿Es Dios tu morada? Explica.
2. Quizás pases días sin pensar en Él, pero no hay un solo momento que Él no piense en ti.
   A. Según opinas, ¿con qué frecuencia piensas en Dios? ¿Qué te impide pensar en Él? ¿Cómo vences dicho obstáculo?
   B. ¿Crees que Dios nunca deja de pensar en ti? Explica.
3. Estás a un paso de la casa de Dios. No importa dónde estés. No importa la hora.
   A. ¿Qué quiere decir Max por «estar a un paso de la casa de Dios»?
   B. ¿Te ayuda a utilizar el Padrenuestro la imagen de la Gran Casa de Dios? Si es así, ¿cómo? Si no, ¿por qué?

4. Cristo nos dio más que un modelo de oración, nos proporcionó un modelo de vida. Estas palabras hacen más que decirnos lo que podemos hablar con Dios; nos dicen cómo vivir con Dios.

    A. ¿En qué sentido es el Padrenuestro un modelo de vida?

    B. ¿Cómo nos enseña el Padrenuestro a vivir con Dios?

    C. ¿Qué parte del Padrenuestro te habla más poderosamente? ¿Por qué?

PREPARÉMONOS

1. Lee el Padrenuestro en Mateo 6.9-13.

    A. ¿Qué parte de esta oración te anima más? ¿Por qué?

    B. ¿Qué parte te condena más? ¿Por qué?

    C. ¿Hay alguna parte que no entiendas? Si es así, ¿cuál? (Entonces, vuelve a leer con especial atención esa parte en el libro.)

    D. Si le atribuyeras lugares de la casa a cada parte de esta oración, ¿cómo lo harías?

2. Lee Hechos 17.24-28.

    A. ¿Qué imagen de Dios presenta este pasaje? ¿Cómo encaja este cuadro en tu concepto de la oración? Explica.

    B. Fíjate en el versículo 28. ¿Cómo encaja este concepto con la imagen de Max de la Gran Casa de Dios?

3. Lee el Salmo 90.1-2.

    A. ¿Qué es importante al respecto?

B. ¿Qué clase de petición hace Moisés a Dios en el resto de este Salmo (véanse especialmente los vv. 12-17).

4. Lee 1 Tesalonicenses 5.17-18; Romanos 12.12; Efesios 6.18-20; Hebreos 13.15, 18-19; Colosenses 4.2-4; Filipenses 4.6-7.

A. ¿Qué aprendes acerca de la oración en cada uno de estos pasajes?

5. ¿En qué forma se relaciona el patrón de oración establecido en el Padrenuestro con los pasajes citados?

OREMOS

1. Cada día de esta semana lee al menos una vez al día el Padrenuestro en Mateo 6.9-13. Al leerlo, medita en él para que te empapes de su rica verdad. Luego dedica algún tiempo para orar por las preocupaciones de tu vida usando como base esta oración modelo.

2. Siéntate y en una hoja «parte» el Padrenuestro frase por frase. Divide la oración en unidades que tengan sentido completo: «Padre nuestro», por ejemplo, o «santificado sea tu nombre», y escribe un párrafo que exprese cómo dicha unidad es importante para ti. Luego dedica un momento a orar toda la oración, considerando especialmente lo que hayas escrito acerca de sus diversas partes.

LA SALA

REFLEXIONEMOS

1. Quizás quieras dejar de ser hijo de Dios. Pero Dios no está dispuesto a dejar de ser tu Padre.
   A. ¿«Quisiste» alguna vez dejar de ser hijo de Dios? Si es así, explica. ¿Cuál podría ser la causa de que alguien deseara dejar de ser su hijo?
   B. ¿Cómo sabemos que Dios no está dispuesto a dejar de ser nuestro Padre? ¿Cómo tratarías de explicar esto a alguien que piensa que es demasiado bueno para ser cierto?

2. *«Padre nuestro»* nos recuerda que somos bien recibidos en la casa de Dios porque el Dueño nos ha adoptado.
   A. ¿Te sientes bien recibido en la casa de Dios? Si o no, ¿por qué?
   B. ¿En qué radica la importancia de llegar a ser miembro de la familia de Dios a través de la adopción? ¿Por qué la Biblia usa la palabra «adoptado»?

3. Dios te adoptó sencillamente porque así lo quiso. Estabas bajo su buena voluntad y beneplácito.
   A. ¿Por qué piensas que Dios anhelaba adoptar a algunos de nosotros? ¿Qué gana Él en el trato?

B. ¿En qué sentido todos los creyentes (incluso tú) son la «buena voluntad y beneplácito» de Dios? ¿Por qué Max lo cree? ¿Lo crees tú? Explica.

4. Nuestro Dios no es un Padre solamente en las buenas. No es parte de ese cuento de los amo y los abandono. Puedo contar con que Él me dejará ocupar mi rincón no importa mi comportamiento. Y tú también puedes contar con ello.

A. ¿Por qué es importante saber que Dios nunca nos abandonará? ¿Qué hace en favor nuestro este conocimiento?

B. ¿*Sientes* siempre como si Dios constantemente estuviera en tu rincón? ¿Qué cosas podrían explicar estos sentimientos? ¿Son verdaderos? ¿Cómo podemos enfrentarlos?

PREPARÉMONOS

1. Considera la frase «Padre nuestro».

A. ¿Qué te comunica esta frase? ¿Cómo te hace sentir? ¿Qué imágenes te trae a la mente?

B. ¿En qué sentidos es Dios como un padre?

2. Lee Lucas 15.11-32.

A. ¿Qué imagen de un padre presenta esta historia? ¿Por qué piensas que Jesús hizo este retrato?

B. ¿Con qué personaje de la historia te identifica más? ¿Por qué?

C. ¿Por qué el versículo 20 es un cuadro especialmente bueno de nuestro Padre celestial? ¿En qué forma puede ayudar a tener presente este cuadro a que nuestra oración viva?

3. Lee Romanos 8.15-17; Gálatas 4.4-7; Efesios 1.3-8.

A. Según estos pasajes, ¿cómo llega uno a ser hijo de Dios?

B. ¿Qué derechos y privilegios se otorgan a los hijos de Dios según estos pasajes?

C. Según tu opinión, ¿cómo se supone que este conocimiento afecta nuestra vida de oración? ¿Influye en la forma que oras? Sí o no, ¿por qué?

OREMOS

1. Dedica al menos cinco minutos para estar a solas con Dios y no le hables de otra cosa sino de lo que significa para ti ser llamado su hijo.

2. Busca en una concordancia varias de las más de doscientas veces que a Dios se le llama «Padre» en el Nuevo Testamento. Elige diez de estos textos y «óralos» hablando a Dios de sus características paternales según se describen en los pasajes que eligió.

EL FUNDAMENTO

—| *Capítulo 3 Dónde comienza la confianza* |—

REFLEXIONEMOS

1. Dios es el fundamento de su propia casa.

   A. ¿Qué significa que Dios es el fundamento de su propia casa?

   B. ¿Cuánta estabilidad tendría la casa si Dios no fuera el fundamento? Explica.

   C. ¿Qué ocurriría si la casa de Dios estuviera edificada sobre el fundamento de tus propias fuerzas? ¿Actuamos como si esto fuera así? Explica.

2. La pregunta clave de la vida no es «¿Cuán fuerte soy?», sino «¿Cuán poderoso es Dios?»

   A. ¿Por qué es la pregunta clave de la vida?

   B. ¿Por qué es tan fácil invertir dichas afirmaciones? ¿Haces eso?

   Si es así, ¿qué ocurre?

   C. Esta pregunta clave depende de tu relación con Dios. Explica por qué es así, y describe cómo llegas a estar en relación con Él. ¿Cómo describirías esa relación?

3. La meditación en los nombres de Dios te recuerda el carácter de Dios. Toma estos nombres y atesóralos en el corazón.

   A. Max da varios nombres de Dios. ¿Cuál es el más significativo para ti? ¿Por qué?

   B. ¿Cómo «pone» uno los nombres de Dios en su corazón? ¿Qué se quiere decir con eso? ¿Por qué es importante? ¿Lo has hecho? Explica.

PREPARÉMONOS

1. Considera la frase «Padre nuestro que estás».

   A. ¿Qué significa para ti que Dios «está»?

   B. ¿Cómo te sentirías si Dios «no estuviera»?

   C. ¿Cómo te muestra Dios personalmente que Él «es»?

2. Lee Isaías 6.1-4 y Apocalipsis 4.6-11.

   A. ¿Qué atributo de Dios es más prominente en estos dos pasajes? Describe esta característica con tus propias palabras.

   B. En estos pasajes, ¿cómo responden a Dios los que te rodean? ¿Por qué responden así?

   C. ¿Por qué es importante tener presentes estos pensamientos cuando nos dirigimos a nuestro Padre celestial en oración?

3. Considera los siguientes pasajes que dan diversos nombres de Dios. ¿En qué es importante cada uno? Para cada uno indica una circunstancia de la vida que te daría especial vigencia.

   A. Génesis 1.1, Elohim (Dios el Creador).

B. Génesis 48.15, Jehová-raah (Jehová mi Pastor).
C. Génesis 22.7-8, Jehová-jireh (Jehová proveerá).
D. Jueces 6.24, Jehová-salom (Jehová es paz).
E. Éxodo 15.26, Jehová-rophe (Jehová sana).
F. Éxodo 17.8-16, Jehová-nisi (Jehová es mi estandarte).

OREMOS

1. Dedica unos momentos a confesar tu debilidad a Dios. Sé específico. Por ejemplo, confiesa tu carácter irascible, tu orgullo o tu devoción a las cosas más que a las personas. Luego dedica el doble de tiempo a alabar a Dios por su poder y fidelidad para contigo. Dale las gracias por haberte limpiado con la sangre de su Hijo y por haberte adoptado en su familia.

2. Toma uno de los nombres de Dios dados arriba, y medita sobre ese nombre todo el día. Escribe el versículo apropiado en una tarjeta y consúltala con frecuencia a través del día. Luego, antes de irte a acostar, da gracias a Dios por mostrarte esa característica suya y por actuar en conformidad con su nombre.

El observatorio

Capítulo 4 Un afecto celestial

REFLEXIONEMOS

1. Dios mora en una esfera diferente. Él ocupa otra dimensión.

   A. ¿En qué sentido Dios habita en una esfera y una dimensión diferente de la tuya?

   B. Si Dios no habita con nosotros, ¿cómo puede servirnos de ayuda?

2. ¿Quieres saber quién es Dios? Contempla lo que ha hecho.

   A. ¿Quieres saber quién es Dios? Sí o no, ¿por qué? ¿Cuál es la diferencia?

   B. ¿Cómo Dios nos muestra quién es Él cuando vemos lo que ha hecho? Explica.

3. Camina unos momentos por los talleres del cielo, contempla lo que Dios ha hecho y descubrirás cómo tus oraciones cobran energía.

   A. ¿Por qué Max piensa que hay una relación entre contemplar las estrellas y el poder de la oración en la vida de uno? ¿Está presente esta relación en tu vida? Explica.

B. ¿Cuándo fue la última vez que pasaste varios minutos contemplando los cielos? ¿Podrías hacerlo esta noche?

4. La próxima vez que el amanecer te quite el aliento o una pradera florida te deje sin habla, quédate así. No digas nada y escucha cómo el cielo murmura: «¿Te gusta? Lo hice para ti».

   A. ¿Por qué el silencio es a menudo una respuesta adecuada al sentimiento de estar maravillado?

   B. ¿Piensas que Dios habría hecho el mundo tan hermoso si tú fueras la única persona del planeta? Explica.

PREPARÉMONOS

1. Considera la frase «Padre nuestro que estás en los cielos».

   A. ¿Pensar que Dios está en los cielos te hace sentir a veces que está distante? Explica.

   B. ¿Qué beneficios vienen de tener a Dios en los cielos?

2. Lee 1 Corintios 1.25.

   A. ¿Qué comparación se hace en este versículo? ¿Qué intenta dar a entender?

   B. ¿En qué sentido debería este versículo darnos gran confianza en la oración?

3. Lee Isaías 55.8-9.

   A. ¿Qué comparación se hace en este versículo? ¿Qué intenta dar a entender?

   B. ¿En qué sentido debería este versículo darnos gran confianza en la oración?

C. ¿Cómo puede este versículo explicar algunas de nuestras desilusiones en la oración?

4. Lee el Salmo 19.1-6.

A. Según este pasaje, ¿cómo nos enseña el universo acerca de Dios?

5. ¿Qué aprendió David acerca de Dios al observar el universo? ¿Piensas que este conocimiento le ayudó o le estorbó su vida de oración? Explica.

OREMOS

1. La próxima noche que el cielo esté sin nubes, dedica una media hora a no hacer otra cosa que tenderte en tierra y mirar los cielos. ¿Qué ves? Trata de contar las estrellas. Después de deleitarte por unos momentos en la gloria de los cielos, dedica un tiempo similar a agradecer a Dios por lo que acabas de ver. Alábale por su poder, por su sabiduría, por su gracia y por su amor. Dale gracias porque tienes ojos para contemplar su creación y una mente para comprenderla en parte. Pon tu atención en su gloria, majestad, esplendor y poder. ¡Qué tengas un momento dichoso al alabar al Dios Todopoderoso!

2. Dedica unos pocos minutos para leer Apocalipsis 21—22.6. Recuerda que lo descrito en este pasaje es el hogar de Dios y es apenas un reflejo de su majestad y grandeza. Luego alábale por crear un lugar tan hermoso donde pasaremos con Él la eternidad. «Ora» este pasaje y dale gracias por su bondad al brindarnos un hogar tan maravilloso.

LA CAPILLA

REFLEXIONEMOS

1. Hay momentos en que hablar es violar el momento...
cuando el silencio representa el mayor respeto. La palabra para tales momentos es *reverencia*. La oración para
tales momentos es «Santificado sea tu nombre».
   A. ¿Qué significa para ti «reverencia»? ¿Por qué se aso-
   cia con el silencio?
   B. ¿Cómo «santifica» uno el nombre de Dios? Por otra
   parte, ¿cómo lo profana? ¿Hiciste más de lo uno que
   de lo otro en la última semana? Explica.
2. Dios dice a Job: «En cuanto seas capaz de manejar cosas
tan sencillas como almacenar estrellas y alargar el cuello
del avestruz, podremos conversar sobre dolor y sufrimiento. Pero mientras tanto, podemos seguir sin tus comentarios».
   A. De haber estado en el lugar de Job, ¿Piensas que ha-
   brías reaccionado igual que Job si hubieras estado en
   su lugar? Sí o no, ¿por qué?
   B. ¿Exiges respuestas de Dios en tiempos de dificultades? ¿Qué crees que Él te diría si tuviera que responder tus preguntas?
3. Cuando pones la mira en nuestro Dios, fijas la vista en

217

uno «cortado por encima» a cualquier tormenta de la vida.

A. ¿Cómo puedes poner la mira en Dios? ¿Qué supone esto?

B. ¿Cómo nos ayuda en medio de las tormentas de la vida poner la mira en Dios? ¿Tienes ejemplos personales de esto? Si es así, descríbelos.

PREPARÉMONOS

1. Considera la frase «santificado sea tu nombre».

   A. ¿En qué forma una persona «santifica» algo?

   B. ¿En qué forma «santificar» se relaciona con la palabra «santo»?

2. Lee Job 38.3-18.

   A. ¿Cuál es el argumento en todas las preguntas de Dios? ¿Qué lección quiere que Job aprenda?

   B. ¿Cómo piensas que reaccionarías si estuvieras en el lugar de Job en este punto de la historia? ¿Por qué?

   C. ¿Qué aprendes acerca de Dios en este pasaje?

3. Lee Job 40.4-5; 42.1-6.

   A. ¿Cómo reaccionó Job ante los discursos de Dios? ¿Fue una respuesta adecuada? ¿Por qué?

   B. Finalmente, ¿qué aprendió Job acerca de Dios? ¿Cómo cambió esto su actitud hacia sus circunstancias?

   C. ¿Responde Dios las preguntas de Job en todo lo que habló? ¿Qué hay de significativo en ello?

4. Lee el Salmo 46.10.

   A. ¿Qué mandamiento se nos da en este versículo? ¿Cuál es la razón para este mandamiento?

B. ¿Es fácil para ti obedecer este mandamiento? Sí o no, ¿por qué? ¿A qué se debe su importancia? ¿Qué perdemos cuando lo pasamos por alto?

OREMOS

1. Haz una caminata larga, sin prisa, a un lugar donde puedas estar a solas con Dios para deleitarte en la obra de sus manos. Guarda silencio mientras te maravillas de su obra y creatividad. Nota cada cosa que te rodea: colores, aromas, formas, inmensidad y detalles de la creación. Luego, al final del paseo, rompe el silencio y dale gracias por la belleza de su creación y por la capacidad de caminar y poder asimilar todo. Háblale con reverencia y amor, y trata de no hacer peticiones durante tu oración.

2. Con detenimiento y cuidado lee Job 38—41. Trata de imaginar todo lo que puedas de los misterios que Dios describe. Luego, trata de ponerte en el lugar de Job: ¿cómo te sentirías si Dios te dirigiera un mensaje tan cargado de poder? Dedica unos momentos para estar a solas con Dios, en silencio, reflexionando en su abrumadora majestad y magnificencia.

EL TRONO

REFLEXIONEMOS

1. Cuando dices: «Venga tu reino», estás invitando a que el Mesías mismo entre en tu mundo ... Esta no es una petición débil; es una osada apelación a Dios para que ocupe cada rincón de tu vida.

   A. ¿Has invitado al Mesías a entrar en tu mundo? Si es así, ¿cómo? Si no, ¿por qué?

   B. ¿Ocupa Dios «cada rincón de tu vida» ahora? Explica. Si no, ¿te gustaría que lo hiciera? Explica.

2. Para Amán, la matanza era una cuestión de conveniencia personal. Para Satanás, es cuestión de supervivencia. Hará todo lo necesario para impedir la presencia de Jesús en el mundo.

   A. ¿Por qué el plan de Satanás de eliminar a los judíos era para él una cuestión de supervivencia? ¿Qué era lo que tenía en juego?

   B. Según tu opinión, ¿cómo trata Satanás de impedir la presencia de Jesús en el mundo en la actualidad? ¿Cómo lo hace en el rincón del mundo donde estás?

3. Cuando oramos «Venga tu reino», ¡viene! Todas las huestes celestiales acuden en nuestra ayuda.

A. ¿Qué ocurriría si el Reino de Dios viniera a tu lugar de trabajo?

B. ¿En qué sentido las huestes celestiales se apresuran a venir en nuestra ayuda cuando oramos que venga el Reino de Dios? ¿Has orado que venga este reino y parece no haber ocurrido? Explica. ¿Qué conclusión podríamos sacar de esto?

PREPARÉMONOS

1. Considera la frase «Venga tu reino».
   A. ¿Qué te viene a la mente cuando piensas en la venida del Reino de Dios?
   B. ¿Por qué crees que debemos orar que venga el Reino de Dios?
2. Lee Ester 3—9.
   A. ¿Qué calamidad estaba a punto de enfrentar el pueblo de Dios? ¿Quién hizo las maquinaciones? ¿Cómo lo hizo?
   B. ¿Cómo tomó Dios estas terribles circunstancias y las volvió contra sus propias cabezas? ¿Cómo hizo que lo malo se convirtiera en lo que era bueno?
   C. ¿Qué papel jugó Ester en este drama? ¿Qué parte tuvo Mardoqueo? ¿Qué papel tuvo el rey? ¿Cuál es el personaje central desde el punto de vista del texto?
   D. Elige un vesículo clave para cada uno de los siete capítulos. ¿Por qué piensas que los versículos elegidos son importantes? ¿Qué te enseñan?

E. Nótese que Ester es el único libro de la Biblia que no nombra a Dios. ¿Puedes verlo en el libro de todos modos? Explica.

3. Lee Hebreos 4.14-16.

A. ¿Qué título se da a Jesús en este pasaje? ¿Qué te dice este título acerca de su obra en nuestro favor?

B. ¿Qué razones se dan en este pasaje para confiar en que Jesús puede ayudarnos y nos ayudará (véase especialmente el versículo 15)?

C. ¿A qué conclusión se llega en el versículo 16, sobre la base de lo dicho en los versículos 14-15? ¿Sacas ventaja de esto? Sí o no, ¿por qué?

4. Lee Hebreos 12.28.

A. ¿Qué clase de «reino» vamos a recibir? ¿En qué sentido es esto importante?

B. ¿Cuál va a ser tu respuesta a esta promesa?

C. ¿Cómo se describe a Dios en este versículo? ¿Piensas con frecuencia en Él de esta manera? Explica.

OREMOS

1. En una concordancia busca la palabra Reino en el Evangelio de Mateo (hay más de cincuenta referencias). Luego toma tu Biblia y lee cada uno de esos versículos tratando de tener una visión a vuelo de pájaro del Reino de Dios. A medida que lees, detente a menudo a orar por lo que estás aprendiendo. Recuerda, ¡estás orando al Rey del reino!

Guía de estudio

2. Dedica algún tiempo a pedir a Dios que ocupe cada rincón de tu vida. ¿Qué «rincones» podrías estar reteniendo? ¿Las finanzas? ¿Relaciones? ¿Trabajo? ¿Estudios? ¿Recreación? Sé tan sincero contigo mismo como te sea posible y haz un inventario de tu vida. Luego, invita al Rey a tomar el control de cada aspecto.

EL ESTUDIO

REFLEXIONEMOS

1. Dios tiene un plan y el plan es bueno. Nuestra pregunta es: ¿Cómo puedo tener acceso a él?

    A. ¿Crees que Dios tiene un plan para ti? Si es así, ¿por qué? Si no, ¿por qué no?

    B. ¿Cómo accedes al plan de Dios para tu vida?

2. Orar «hágase tu voluntad» es buscar el corazón de Dios.

    A. ¿Por qué orar «hágase tu voluntad» indica que estamos buscando el corazón de Dios? ¿Cómo nos va a cambiar esta oración?

    B. ¿Qué le dirías a un inconverso si tuvieras que describirle el corazón de Dios?

3. Su voluntad *general* nos da principios que nos ayudan a comprender su voluntad *específica* para nuestra vida en particular.

    A. ¿Qué quiere decir Max con la expresión voluntad «general» de Dios? ¿Qué quiere decir con la expresión voluntad «específica» de Dios?

    B. ¿En qué forma la voluntad general de Dios nos ayudará a descubrir su voluntad específica? ¿Cómo se interrelacionan las dos «voluntades»? ¿Piensas que su voluntad específica alguna vez va a entrar en contradicción o pasarás por alto su voluntad general? Explica.

4. ¿Quieres conocer la voluntad de Dios para tu vida? Responde entonces la pregunta: ¿Qué es lo que enciende tu corazón? ... El fuego de tu corazón es la luz para tu sendero. Si la desechas, será a tus expensas.

A. ¿Quieres conocer la voluntad de Dios para tu vida? Si te dijera específica y audiblemente ahora mismo cuál es su voluntad, ¿estarías dispuesto a hacerla sin importar lo que sea? Explica.

B. ¿Qué inflama tu corazón? ¿Qué lo llena de entusiasmo? ¿Ves cómo ese interés puede interpretarse como la voluntad de Dios para ti? ¿Hay precauciones que deberías tener con este consejo? Si es así, ¿cuáles?

PREPARÉMONOS

1. Considera la frase «hágase tu voluntad».
A. ¿Qué sabes ya acerca de la voluntad de Dios para ti? ¿Tienes conflicto con alguna parte de ella? Explica.
B. ¿Te es fácil o difícil someterte a la voluntad de Dios? Explica.

2. Max hace una lista de cuatro componentes que en conjunto nos ayudan a hallar la voluntad de Dios:
- A través del pueblo de Dios.
- A través de la Palabra de Dios.
- A través del andar con Dios.
- A través del fuego de Dios.

A. Explica con tus propias palabras cómo «obra» cada uno de estos componentes.

B. ¿Cuál de estos componentes utilizas con mayor frecuencia? ¿Cuál tiendes a descuidar? ¿Qué cosas necesitas cambiar (si es que te hace falta) para que los cuatro obren en conjunto a fin de encontrar la voluntad de Dios?

3. Lee Lucas 24.13-35.

A. ¿De qué hablaban los dos hombres mientras caminaban hacia Emaús? ¿Cómo describirías su comportamiento?

B. ¿Cómo se les acercó Jesús? ¿Por qué piensas que Él se acerca de esa manera y no en forma más directa?

C. ¿Cómo reconocieron finalmente estos hombres a Jesús? ¿Hay algo significativo en esto? Si es así, ¿qué cosa?

D. ¿Cómo respondieron estos hombres a su encuentro? ¿En qué sentido es este un modelo para nosotros?

4. Lee Mateo 7.21; 10.29; Juan 6.40; Hechos 18.21; Romanos 12.2; Efesios 5.17-21; 1 Tesalonicenses 4.3-8; 5.18.

A. ¿Qué aprendes de estos pasajes respecto a la voluntad de Dios?

B. ¿Qué tan deseoso te muestras de hacer la voluntad que Dios ya te ha revelado? Dedica tiempo a pedirle que te ayude a cumplir su voluntad, cualquiera que sea.

OREMOS

1. En una concordancia busca la palabra «voluntad», espe-

cialmente los versículos que te dicen algo sobre la voluntad de Dios. Haz una lista de las cosas que se mencionan especialmente como la voluntad de Dios para todos sus hijos. Luego dedica algún tiempo a la oración sobre esta lista, y da gracias a Dios por ayudarte a cumplir su voluntad en los aspectos en que estás actuando bien y pide ayuda para tener su poder en los ámbitos en que aún tienes dificultades.

2. Muchas veces no sabemos cuál es la voluntad de Dios para nosotros; podemos seguir el ejemplo del Señor en el huerto de Getsemaní, y presentar al Señor nuestra petición, para luego concluir nuestra oración pidiéndole que «no se haga mi voluntad, sino la tuya». Si hay algún problema en tu vida que se ajusta a este modelo, ora al respecto inmediatamente.

EL HORNO

REFLEXIONEMOS

1. El poder de Dios se desencadenó con la oración. Jesús miró hacia lo más hondo de la caverna de la muerte y llamó a Lázaro para que volviera a la vida... todo porque alguien oró.

   A. ¿Por qué piensas que la oración desencadena el poder de Dios? ¿Por qué existe esta relación?

   B. Según tu parecer, ¿qué hubiera ocurrido en el caso de Lázaro si alguien no le hubiera llevado a Jesús la noticia sobre la condición de su amigo? Explica.

2. El poder de la oración no depende del que *hace* la oración, sino del que *oye* la oración.

   A. ¿Crees que Max tiene razón al hacer esta afirmación? Sí o no, ¿por qué?

   B. ¿Afecta el poder de la oración el carácter de la persona? Explica.

3. Un llamado y aparece la hueste celestial. Tus oraciones en la tierra ponen en acción el poder de Dios en los cielos, y sea hecha la voluntad de Dios «como en el cielo, así también en la tierra».

A. ¿Qué aspecto tendría tu vecindario si la voluntad de Dios se hiciese allí como en el cielo? ¿Qué aspecto tendría tu hogar? ¿Qué parte desempeñas tú, si es que hace algo, para lograr que esto ocurra?

B. Si es verdad que uno llama y la hueste del cielo aparece, ¿por qué crees que la Biblia da instrucciones de «orar sin cesar»?

4. Eres el alguien del Reino de Dios. Tienes acceso al horno de Dios. Tus oraciones mueven a Dios para cambiar el mundo.

A. ¿Con qué frecuencia aprovechas tu acceso al horno de Dios? ¿Estás satisfecho con esto? Si no, ¿qué se necesitaría para hacer un cambio?

B. Dedica algún tiempo para analizar algunas de tus oraciones que han ayudado a «cambiar el mundo», al menos en tu rincón del planeta.

PREPARÉMONOS

1. Considera la frase «como en el cielo, así también en la tierra».

A. ¿Cómo se hace la voluntad de Dios en el cielo? ¿Con resentimiento? ¿De mala gana? ¿Con quejas? ¿Cómo hacen los ángeles la voluntad de Dios?

B. Generalmente, ¿cómo haces la voluntad de Dios en la tierra? ¿Se podría decir que haces su voluntad como se hace en los cielos? Explica.

2. Lee Juan 11.1-44.

A. Narra la historia con sus propias palabras.

B. ¿Cómo responde Jesús cuando se entera de la enfermedad de Lázaro? ¿Es esto lo que podrías haber esperado? ¿Es lo que los discípulos esperaban? Explica.

C. ¿Qué le dicen Marta y María a Jesús cuando finalmente llegó a su pueblo? ¿Cómo les responde Él?

D. ¿Por qué piensas que Jesús esperó para realizar este milagro? (véanse especialmente los versículos 15, 40 y 42).

E. ¿Qué te enseña este pasaje acerca de la voluntad de Dios?

3. Lee Apocalipsis 8.1-5.

A. Describe lo que ocurre en este pasaje.

B. ¿Se da alguna razón para el silencio celestial en este pasaje? Si es así, ¿cuál es?

C. ¿Qué aprendiste acerca de la oración en este pasaje?

OREMOS

1. Busca en una concordancia las palabras «oír», «escuchar» en el libro de los Salmos. Nota con qué frecuencia el salmista declara que Dios oye o escucha sus oraciones y con cuánta frecuencia le suplica que escuche. Usa sus oraciones como modelo, dale gracias a Dios por oírte y preséntale cualquier petición que tengas.

2. Toma nota de los aspectos de tu vida sobre los que ejerces un control sustancial. Si la voluntad de Dios no se hace en alguno de esos ámbitos como se hace en el cielo, pídele a Dios que te ayude a rectificar. En los aspectos en

que todo está bien, da gracias a Dios por permitirte hacer su voluntad.

LA COCINA

REFLEXIONEMOS

1. Dios no es un gurú de la montaña preocupado solamente con lo místico y espiritual. La misma mano que guía el alma da el alimento para su cuerpo.

   A. ¿Conoces a alguien que piensa que Dios es un gurú de la montaña? Si es así, ¿cómo responden ante Él? ¿Qué hacen? ¿Qué no hacen?

   B. ¿Tienes la tendencia a pensar que lo místico y espiritual es más importante (o más piadoso) que el alimento para el cuerpo? Explica. ¿Qué dice Dios al respecto?

2. Si has seguido el modelo de Cristo para la oración, tu preocupación ha sido lo que Él piensa de ti más que tu estómago. Las primeras tres peticiones son teocéntricas, no egocéntricas.

   A. ¿Qué significa estar más preocupado de las maravillas de Dios que del estómago? ¿Cómo se llega a ese punto?

   B. Según tu opinión, ¿qué estaba enseñando Jesús en el Padrenuestro al hacer las primeras tres peticiones teocéntricas en vez de hacer las egocéntricas? ¿Siguen tus oraciones el mismo modelo? Sí o no, ¿por qué?

3. Dios vive con la tarea que se asignó Él mismo de proveer para los tuyos, y hasta aquí, tienes que reconocerlo, ha hecho un excelente trabajo.

   A. ¿En qué forma te ha provisto Dios durante la última semana? ¿Durante el mes pasado? ¿El último año? ¿Desde tu conversión?

   B. ¿Hace que cambies tu manera de vivir saber que Dios promete proveerte? ¿Por qué sí? o ¿Por qué no?

4. En la casa de Dios el que provee el alimento es el que prepara las comidas.

   A. ¿Qué quiere decir Max con esta afirmación? ¿Cuál es la diferencia?

   B. ¿Cómo prepara Dios la comida para ti? Describe al menos un ejemplo.

PREPARÉMONOS

1. Considera la frase «el pan nuestro de cada día, dánoslo hoy».

   A. Según tu opinión, ¿qué se incluye en la idea de «pan nuestro de cada día»?

   B. ¿Por qué crees que Dios nos pide que oremos cada día por lo que necesitamos para ese día?

2. Repasa las dos reglas que Max cita para pedir a Dios nuestro pan diario:
   • No seas tímido, pide.
   • Confía en el cocinero.

   A. ¿Eres tímido para pedirle algo a Dios? Si es así, ¿por qué?

B. ¿Por qué es tan importante a veces que confiemos en el cocinero? ¿Cómo demostramos que a veces *no* confiamos en el cocinero?

3. Lee el Salmo 37.3-6.

A. ¿Qué consejo se nos da aquí sobre la búsqueda del pan cotidiano?

B. ¿Qué promesa se nos da?

4. Lee Mateo 6.24-34.

A. ¿Qué consejo se nos da aquí sobre la búsqueda del pan cotidiano?

B. ¿Qué ilustraciones se dan para ayudarnos a entender los caminos de Dios?

C. ¿Qué promesa se nos da si seguimos el camino de Dios?

OREMOS

1. ¿Qué necesidades especiales enfrentas hoy día? Haz una lista de las necesidades urgentes que tienes ahora (no tus deseos especiales, sino tus necesidades) y pasa algún tiempo sin prisa con tu Señor y pídele que satisfaga las necesidades específicas que le presentas. Luego dale las gracias por oírte y confía en que hará lo que dice.

2. Nota que el versículo que habla de «nuestras» necesidades diarias. ¿Cuáles son algunas de las necesidades de tus seres queridos, colegas o conocidos cercanos? Haz una lista de estas necesidades y ora específicamente que Dios las satisfaga. Cuando hayas terminado de orar, diles a tales personas que has estado orando por ellas y pídeles

que te avisen cuando Dios satisfaga la necesidad por la que has estado orando.

EL TECHO

REFLEXIONEMOS

1. En la Casa de Dios estás cubierto por el techo de su gracia.
   A. ¿Qué significa para ti la palabra «gracia»?
   B. ¿En que forma te «cubre» la gracia? ¿En qué sentido es el techo un buen cuadro de la gracia? ¿Cómo te cubrió durante la semana pasada?
2. Si Cristo no nos hubiera cubierto con su gracia, cada uno de nosotros estaría sobregirado en su cuenta. En comparación con la excelencia tendríamos fondos insuficientes. Santidad inadecuada.
   A. ¿Ha habido un tiempo en que pensabas que tenías suficientes fondos para cubrir tu deuda espiritual? Si es así, describe esa ocasión. Si algo te convenció de tu error, ¿qué fue?
   B. ¿Cuánta santidad sería necesaria para entrar en la presencia de Dios? ¿Cómo podemos adquirir esa santidad?
3. Dios asumió toda tu deuda. Tú asumiste su fortuna. Y eso no es todo lo que hizo. También pagó tu castigo.
   A. ¿Qué quiere decir que Dios «asumió toda tu deuda»? ¿Cómo lo hizo?

236

B. ¿Qué quiere decir que «tú asumiste su fortuna [de Dios]»? ¿Cómo lo hizo?

C. ¿Cómo pagó Dios tu castigo?

PREPARÉMONOS

1. Considera la frase «Perdónanos nuestras deudas».
   A. ¿Qué deudas tienes con Dios? ¿Qué incluye la palabra «deuda»?
   B. ¿Le has pedido a Dios que perdone tus deudas? ¿Cómo? Si no, ¿por qué?
   C. ¿Cómo puede Dios perdonar nuestras deudas?
2. Max desarrolla dos ideas primarias en este capítulo:
   • Tenemos una deuda que no podemos pagar.
   • Dios pagó una deuda que no debía.
   A. ¿Cuál es la deuda que no podemos pagar? ¿Por qué no la podemos pagar?
   B. ¿Por qué Dios pagó una deuda que no era suya? ¿Cómo la pagó?
3. Lee Isaías 64.6 y Romanos 3.23.
   A. ¿Qué nos dicen estos versículos acerca de nuestra deuda con Dios?
   B. ¿Cuál es el resultado de esta deuda?
4. Lee Romanos 4.5; 8.33; 2 Corintios 5.19-21; Gálatas 3.13; 1 Pedro 3.18.
   A. Según estos versículos, ¿cómo trató Dios la deuda?
   B. ¿Qué nos piden estos versículos (si es que piden algo) para obtener provecho de lo que Dios ha hecho por nosotros?

OREMOS

1. Lee la historia de la pasión para recordar que Cristo vino a ofrecernos redención (Mateo 26.36—28.15; Marcos 14.32—16.8; Lucas 22.39—24.12; Juan 18.1—20.9). Dedica tiempo para agradecer su gracia, especialmente al recordar cómo te salvó del castigo de tus pecados.

2. Ora por otros que sabes que aún no conocen a Cristo, para que también vengan al conocimiento del gozo del perdón divino. Nombra estas personas en forma específica y pide a Dios que abra una puerta para que sus hijos (¿quizás tú?) comuniquen eficazmente el evangelio a los que aún no le conocen.

EL CORREDOR

—| *Capítulo 11 De gracia recibisteis, dad de gracia* |—

REFLEXIONEMOS

1. Ocuparse de las deudas está en el corazón de tu felicidad. Está también en el corazón del Padrenuestro.

   A. ¿Por qué ocuparse de las deudas está en el corazón de la felicidad de una persona?

   B. ¿Por qué Max dice que las deudas están en el corazón del Padrenuestro?

   C. ¿Cómo te ocupas de lo que te deben?

2. La confesión no crea una relación con Dios. Sencillamente la fortalece.

   A. ¿Por qué la confesión no crea una relación con Dios? Si no es así, ¿qué hace?

   B. ¿En qué forma la confesión fortalece la relación con Dios? ¿Es fácil o difícil para ti hacerlo? Explica.

3. En toda comunidad cristiana hay dos grupos: los que son contagiosos en su gozo y los amargados en la fe.

   A. Describe a un conocido que tenga una fe o un gozo contagioso.

   B. Describe a una persona conocida (sin nombrarla) que es amargada en su fe.

C. ¿Qué tipo de cristiano te consideras? ¿Estarán otros de acuerdo con tu apreciación?

4. ¿Quieres disfrutar de la generosidad de Dios? Deja que los demás gocen de la tuya.

A. ¿Cómo puedes dejar que otros disfruten de tu generosidad esta semana?

B. Si alguien fuera a juzgar la generosidad de Dios al observar la tuya, ¿qué pensaría?

PREPARÉMONOS

1. Considera la frase «Perdónanos nuestras deudas, como también nosotros perdonamos a nuestros deudores».

A. Esta frase confunde a muchas personas; ¿por qué crees que ocurre esto? ¿Lo confundes tú? Si es así, ¿por qué?

B. ¿Quiénes son tus «deudores»? ¿Los has perdonado? Explica.

2. Max habla del «elevado costo del ajuste de cuentas», ¿qué nos dicen los siguientes pasajes acerca de este elevado costo?

A. Mateo 18.21-35.

B. Mateo 6.14-15.

C. Gálatas 5.14-15.

3. Lea Lucas 6.37-38.

A. Según este texto, ¿qué debemos evitar?

B. ¿Qué nos dice que hagamos?

C. ¿Cuál es el resultado de nuestra obediencia? ¿Cuál es el resultado de nuestra desobediencia?

OREMOS

1. ¿Hay una persona en tu vida a la que te haya costado perdonar? Si es así, reconócelo delante del Señor. Cuéntale tus sentimientos, sin tratar de justificarte por sentirte así. Pídele que te dé su fortaleza para hacer lo que crees que Él te pide que haga: perdonar a esa persona. Confiesa que esto es algo que no podrás hacer por tus propias fuerzas y quizás luchas con el deseo de perdonar a la persona que te ofendió. Pon esto en las manos del Señor y deja que Él te lleve al lugar en que necesitas estar.

2. ¿Hay alguna persona en tu vida que haya tenido problemas para perdonarte por algo que hiciste? Si es así, ruega al Señor que te ayude a pedirle perdón a esa persona, no importa lo difícil que sea. Después de orar pidiendo la fortaleza del Señor y su dirección, busca a la persona y trata de allanar tus problemas. Lucha por la paz.

LA HABITACIÓN FAMILIAR

Capítulo 12 Aprender a vivir juntos

REFLEXIONEMOS

1. No oramos a *mi* Padre, ni pedimos por *mi* pan de cada día, ni que Dios perdone mis pecados. En la casa de Dios hablamos un lenguaje de pluralidad: «Padre nuestro», «el pan nuestro de cada día», «nuestras deudas», «nuestros deudores», «no nos metas en tentación» y «líbranos».

   A. ¿Por qué crees que Jesús resalta la «pluralidad» en su oración?

   B. Evalúa tu vida de oración. ¿Dirías que se caracteriza por las oraciones «en mí» o por las oraciones en «nos»? Explica.

2. Todos necesitamos un padre ... Todos somos mendigos en necesidad de pan ... Somos pecadores necesitados de la gracia.

   A. ¿Cuál es tu necesidad de vital importancia de tu Padre? ¿Por qué?

   B. ¿Qué clase de pan necesitas más hoy día? Explica.

   C. ¿Qué forma de gracia necesitas más en este momento? ¿Por qué no le pides a Dios que provea aun en este momento?

3. En la casa de Dios a veces nos encontramos junto a personas que no nos agradan.
   A. ¿Con qué tipo de persona encuentras más difícil llevarte bien? ¿Por qué? ¿Cómo te relacionas con estas personas?
   B. Cuenta de alguna ocasión en que le pediste a Dios que te ayudara a llevarte bien con alguien. ¿Qué ocurrió?

PREPARÉMONOS

1. Considera la palabra «nuestro».
   A. Según tu opinión, ¿por qué Jesús nos enseñó a orar en plural en vez de hacerlo en singular?
   B. ¿Te has hecho el hábito de orar por otros a la vez que lo haces por ti mismo, o es esto una dificultad con la que tienes que luchar? Explica.
2. Max dice que todos necesitamos al menos tres cosas:
   • Somos hijos que necesitamos un padre.
   • Somos mendigos que necesitamos pan.
   • Somos pecadores que necesitamos gracia.
   A. ¿De qué maneras Dios se ha mostrado como un Padre para ti?
   B. ¿En qué sentido reconoces que eres un mendigo y necesitas pan?
   C. ¿Cómo muestras que eres un pecador y necesitas la gracia?
3. Lee Romanos 12.14-21.
   A. ¿Qué instrucciones nos da este texto para vivir con otros?

   B. De las cosas mencionadas en este pasaje, ¿cuál es la más difícil de realizar para ti? ¿Por qué?

4. Lee Romanos 14.10-13.

   A. ¿Qué regla general da Pablo para vivir con otros creyentes? ¿Cuál es la razón que respalda esta regla?

   B. ¿Qué motivación da Pablo en el versículo 11 para obedecer su instrucción? ¿Es esto algo que piensas a menudo? ¿Debieras hacerlo? Explica.

OREMOS

1. Reúnete una noche con algunos de tus amigos cristianos más íntimos y pónganse de acuerdo para orar por una hora, con una condición. Cada uno de orará por los demás, pero ninguno va a orar por su propia necesidad.

2. Dedica algún tiempo a solas para orar por las personas y ministerios de tu iglesia. Ora pidiendo dirección, protección, fortaleza, que el Espíritu de Dios te guíe en todo a su amor, verdad y servicio. Trata de no orar mucho por ti mismo; en cambio, ora por las personas que crecen en Cristo contigo en tu iglesia.

LOS MUROS

REFLEXIONEMOS

1. Cada vez que Satanás intenta anotar un punto para el mal, termina anotando un punto para bien. Cuando planea desbaratar el Reino, siempre lo lleva al progreso.
   A. Da algunos ejemplos bíblicos que ilustren esta afirmación.
   B. Describe algunos incidentes de tu vida que demuestren la verdad de dicha afirmación.

2. Satanás puede pavonearse todo lo que quiera, pero es Dios el que tiene la última palabra.
   A. ¿Cómo «se pavonea» Satanás? ¿Cómo lo hace en tu vida?
   B. ¿Qué tan importante es saber que «es Dios el que tiene la última palabra»? ¿Qué diferencia práctica produce en nuestra forma de vivir?

3. Todos los ángeles, incluido Satanás, son inferiores a Dios. Y esto puede sorprenderte: aun Satanás está al servicio de Dios.
   A. ¿Por qué es importante saber que los ángeles son inferiores a Dios? ¿Qué podría ocurrir si no fuera así?
   B. ¿En qué sentido Satanás es un siervo de Dios?

4. Los muros que rodean la Gran Casa de Dios. Satanás no puede escalarlos, no puede penetrarlos. No tiene poder en lo absoluto salvo el poder que Dios le permite tener.
   A. ¿Qué son los muros que rodean la Gran Casa de Dios? ¿De qué están hechos?
   B. Según tu parecer, ¿por qué Dios le otorga algún poder a Satanás?

PREPARÉMONOS

1. Considera la oración «no nos metas en tentación, mas líbranos del mal».
   A. ¿Por qué debemos orar que Dios no nos meta en tentación? En realidad, ¿hay algún peligro de que esto ocurra? Si no, ¿cuál es el propósito de esta parte del Padrenuestro?
   B. ¿En qué formas Dios te ha librado del mal durante el último año?
2. Max dice que Dios utiliza a Satanás de tres maneras primarias:
   • Purifica al fiel.
   • Despierta a los que duermen.
   • Enseña a la Iglesia.
   A. ¿Cómo purifica Satanás al fiel? ¿Cómo Dios lo ha utilizado para purificarte a ti?
   B. ¿Cómo «despierta Satanás a los que duermen»? ¿Quiénes son los que duermen? ¿Cómo hace esto Satanás en tu caso?

C. Satanás parece un maestro poco creíble para la Iglesia. ¿Qué significa que puede utilizarse para enseñar a la Iglesia? ¿Qué lecciones ha aprendido de él tu iglesia?

3. Lee Isaías 14.12-15 y Ezequiel 28.12-17.

   A. ¿Qué nos enseñan estos pasajes acerca de la transformación de Satanás en ángel de las tinieblas?

   B. Según Ezequiel, ¿cuál fue el pecado primordial de Satanás? ¿En qué forma este pecado es una trampa poderosa para nosotros?

4. Lee Juan 19.1-16.

   A. Desde la perspectiva de un observador humano, ¿quién parece tener el control de esta escena? En realidad, ¿quién la controla? ¿Cómo lo sabes?

   B. Nota especialmente las palabras de Jesús en el versículo 11. ¿Qué le dice a Pilato? ¿En qué sentido sus palabras son igualmente aplicables a cualquiera de los hijos adoptivos de Dios?

OREMOS

1. ¿Cuáles son tus mayores tentaciones en la vida? ¿Cómo las enfrentas? Lee 1 Corintios 10.12-13; luego pide a Dios que te dé fuerza y sabiduría para enfrentar en una forma piadosa las tentaciones que se te presentan. Pídele que te ayude a recordar que con frecuencia la mejor acción es huir (2 Timoteo 2.22) y que te capacite para hacer lo que lo glorifique más a Él. Dale gracias por su protección y por su vigilancia para cuidarte.

2. Dedica algún tiempo para recordar la diversas maneras en que Dios te ha librado del mal desde tu conversión. Narra tantas como puedas pensar. Da gracias a Dios por su poder y alábale por su poder y bondad. Luego, pídele que te siga librando de las tentaciones y pruebas que inevitablemente se pongan en tu camino.

LA CAPILLA

─┤ *Capítulo 14 Contar con el poder de Dios* ├─

REFLEXIONEMOS

1. La capilla es la única habitación de la casa de Dios que visitamos dos veces ... Nos hace doblemente bien pensar en Dios que pensar en alguien o en algo. Dios quiere que comencemos y terminemos nuestras oraciones pensando en Él.

   A. ¿Por qué quiere Dios que sea la «capilla» el lugar que visitemos dos veces y no otra habitación? ¿Qué hay de especial en la capilla?

   B. ¿Generalmente empiezas y terminas tus oraciones pensando en Dios? Si no, ¿cómo puedes cambiar tu práctica normal? ¿Por qué tendrías que hacerlo?

2. Mientras nuestros ojos están puestos en la majestad de Dios, nuestro paso es ágil. Pero pegamos nuestros ojos en el polvo que pisamos y gruñiremos por cada piedra y grieta que tengamos que pasar.

   A. ¿Por qué hay agilidad en nuestro paso cuando contemplamos la majestad de Dios? ¿Por qué esto nos da fuerzas?

B. ¿Qué significa pegar «los ojos en el polvo que pisamos»? ¿Por qué es esto tan fácil de hacer? ¿Cómo podemos prepararnos para dejar de mirar el polvo y comenzar a mirar a Dios?

3. No te crearon para dirigir un reino, ni se espera que seas todopoderoso. Tampoco puedes manejar toda la gloria.

A. ¿En que sentido a veces actuamos como si fuéramos a dirigir un reino? ¿Como si fuéramos todopoderosos?

B. ¿Por qué no estamos preparados para manejar toda la gloria? Si no lo estamos, ¿quién lo está? ¿Qué lo hace a Él tan diferente de nosotros?

4. Cuando confiesas que Dios es el encargado, reconoces que tú no lo eres.

A. ¿Qué tan fácil te resulta reconocer que Dios es el encargado y no tú? Explica.

B. ¿Cuáles son algunas formas prácticas de reconocer que no somos los encargados y de confesar que Dios sí lo es?

PREPARÉMONOS

1. Considera la frase «Porque tuyo es el reino, y el poder, y la gloria, por todos los siglos. Amén».

A. ¿En qué sentido es este un final adecuado para el Padrenuestro?

B. ¿En qué forma cada una de las tres palabras principales, «reino», «poder» y «gloria», atraen nuestra atención una vez más hacia Dios? ¿Qué te comunica cada una de estas palabras?

2. Lee Colosenses 3.1-4.

   A. ¿En qué cosas debemos poner nuestra mente, según este pasaje?

   B. ¿Cuál es la razón para hacerlo?

   C. ¿Qué promesa se da en el versículo 4?

3. Lee Hebreos 12.2-3.

   A. Según este pasaje, ¿dónde tenemos que fijar nuestros ojos? ¿Por qué?

   B. ¿Qué ocurre cuando no cumplimos este mandato, según el versículo 3? ¿Has experimentado tales consecuencias? Explica.

4. Lee 1 Corintios 2.9.

   A. Según este versículo, ¿a qué clase de Dios servimos?

   B. ¿Cómo respondes a la grandeza del amor de Dios, según se expresa en este versículo? ¿Cómo te hace sentir? ¿Cómo te hace actuar?

OREMOS

No importa en qué época del año leas esto, consigue una copia del oratorio *El Mesías* de Handel y escucha el coro «Aleluya». Escucha detenidamente las palabras y empápate de la música que eleva y tiene poder. Luego dedica algún tiempo a alabar a Dios por lo que Él es y dale gracias por lo que ha hecho por ti. Agrádesele porque seguirá siendo el Rey poderoso y glorioso en tu vida, y que un día el poder y la gloria y el Reino se podrá ver con claridad en todo el universo.

LA GRAN CASA DE DIOS

Capítulo 15 Un hogar para tu corazón

REFLEXIONEMOS

1. Si pudieras pedirle una cosa a Dios, ¿qué pedirías?
    A. Responde la pregunta de Max. ¿Por qué pedirías eso?
    B. ¿En que hubiera sido diferente tu respuesta hace diez años? Explica.
2. David desea permanecer en el ambiente, en la atmósfera, en la conciencia de que está en la casa de Dios, dondequiera que esté.
    A. ¿Tienes el mismo anhelo de David? Si es así, ¿cómo expresas tu deseo? Si no, ¿por qué?
    B. Describe el lugar más extraño en que hayas estado en la casa de Dios. ¿Qué ocurrió?
3. Cada día aprendo a vivir en la Gran Casa de Dios.
    A. ¿Vives ahora más en la casa de Dios que hace cinco años? Explica.
    B. ¿Que hay de gran importancia en la frase «cada día» de arriba? ¿Qué importancia tiene la palabra «aprendo» en esa oración? ¿Qué dan a entender estas dos cosas acerca de vivir en la Gran Casa de Dios? ¿Cómo puede ser esto un estímulo para todos nosotros?

PREPARÉMONOS

1. ¿En qué sentido es Dios «un hogar para tu corazón»? ¿Cómo te ayuda el Padrenuestro a vivir en ese hogar?

2. Lee el Salmo 27.1-5.

   A. ¿Qué petición hace David en este pasaje?

   B. ¿Qué te dice este pasaje acerca de los deseos más profundos de David?

   C. ¿Qué puedes aprender aquí del ejemplo de David?

3. Lee Juan 14.23.

   A. Según este versículo, ¿qué se nos pide para hacer nuestro «hogar» con Dios?

   B. ¿Qué promesa se nos da aquí? ¿Has obtenido provecho de esta promesa? Explica.

4. Lee Hechos 17.28.

   A. ¿Qué nos dice este versículo sobre tener una relación con Dios? ¿Tienes este tipo de relación? Si es así, descríbela.

   B. ¿Qué significa «vivir» en Dios? ¿Qué significa «moverse» en Dios? ¿Qué significa que tenemos nuestro «ser» en Dios? ¿Qué significa ser uno de los vástagos de Dios?

   C. ¿En qué sentido es este versículo un sumario adecuado para el argumento central de *La Gran Casa de Dios*?

OREMOS

1. Lee todo el Padrenuestro una vez más (Mateo 6.9-13). A medida que lo leas, piensa en las diversas «habitaciones»

que allí existen. Luego ora toda la oración, entra en cada habitación y relaciona cada una con los hechos, desafíos y triunfos de tu vida. Comienza con alabanza, termina con alabanza y en medio hazle a Dios tus peticiones más urgentes, tanto personales como de otras personas.